货检问题车整理指南

张雪松　主编

中国铁道出版社有限公司

2021年·北　京

内 容 简 介

本书以货检问题车整理为重点，依据现行规章，采用图文并茂的形式对货检问题车整理相关知识进行介绍。全书共分七章，主要介绍了敞车、棚车、罐车、平车和其他车辆常见货检问题处理方法，并对车辆上闲杂人员及杂物的清理办法，火灾的应急处理办法作了详细介绍。

本书可供铁路货检人员工作参考使用，也可作为货运检查员培训用书。

图书在版编目（CIP）数据

货检问题车整理指南/张雪松主编．—北京：中国铁道出版社有限公司，2021.12

ISBN 978-7-113-28679-8

Ⅰ.①货… Ⅱ.①张… Ⅲ.①铁路运输-货物运输-检查-问题-处理-指南 Ⅳ.①U294.1-62

中国版本图书馆 CIP 数据核字(2021)第 270138 号

书　　名：货检问题车整理指南
作　　者：张雪松

责任编辑：秦绪涛　　**编辑部电话：**（010）51873024
封面设计：尚明龙
责任校对：孙　玫
责任印制：高春晓

出版发行：中国铁道出版社有限公司（100054，北京市西城区右安门西街 8 号）
网　　址：http：//www.tdpress.com
印　　刷：国铁印务有限公司
版　　次：2021 年 12 月第 1 版　2021 年 12 月第 1 次印刷
开　　本：880 mm×1 230 mm　1/32　**印张：**6.25　**字数：**115 千
书　　号：ISBN 978-7-113-28679-8
定　　价：26.00 元

版权所有　侵权必究

凡购买铁道版图书，如有印制质量问题，请与本社读者服务部联系调换。
联系电话：（010）51873174，打击盗版举报电话：（010）63549461

编审委员会

主　　任：傅　健　李玉霞

副 主 任：周国强　王　涛

主　　编：张雪松

主　　审：李占宁　李　刚　周宝宪　尚舒林　汉　霞　张　慧

编写人员：周德明　祁锦春　韩军银　王泽贤　张安恩　刘　宁　蔡文革　丁爱军　张凯航　缪兴梅

前　　言

随着铁路货运检查新技术、新设备、新工艺、新规章的不断发展，铁路货运检查员在运输生产实践中，全面、系统、准确地学习贯彻铁路货运规章，练好基本功显得格外重要。为了提高职工队伍整体素质，充分发挥货运规章在运输生产中的指导作用，结合货运检查发展的实际，编写了《货检问题车整理指南》一书。

本书以货检问题车整理为重点，采用图文并茂的形式对当前主要货检问题车整理的知识进行了简要介绍。本书主要由七章组成：第一章至第四章分别介绍了敞车、棚车、罐车、平车的构造、检查内容及问题车处理；第五章介绍其他车辆常见问题处理；第六章介绍闲杂人员及杂物清理；第七章介绍问题车火灾预防及应急处置。

本书为铁路货检人员迅速及时地发现并处理问题车提供了规章依据，有助于进一步确保货物列车的安全运输。受编者水平、时间所限，书中难免存在疏漏之处，敬请广大读者批评指正。

编　　者

2021 年 10 月

目录

第一章　敞车构造、检查内容及问题车处理

一、敞车构造

敞车构造如图 1-1 所示。

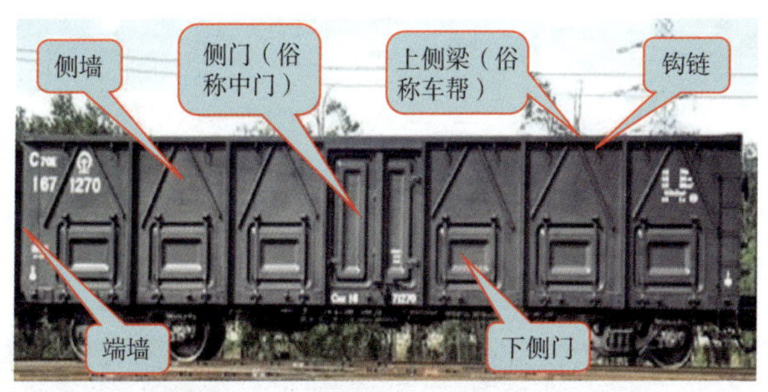

（a）

（b）

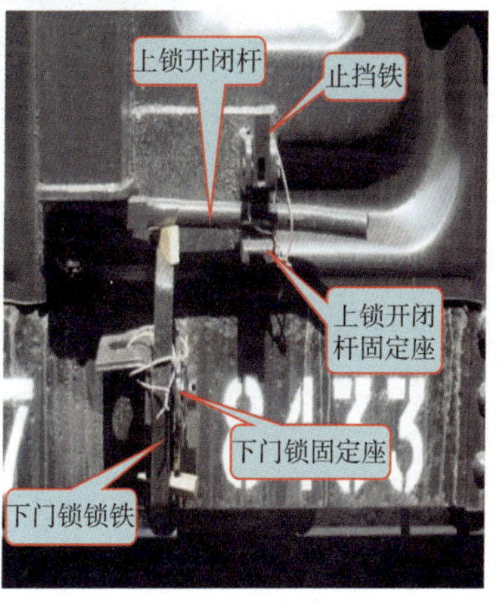

（c）

图 1-1　敞车构造

二、空敞车及装载未超出敞车端侧板货物的检查内容

侧开门、底开门关闭状态是否良好；底开门搭扣是否全部关闭；侧开门上下门销是否插牢或捆绑；车体外胀及倾斜是否超过规定限度。货车篷布及篷布绳网苫盖、捆绑是否良好。易燃货物是否按规定苫盖篷布或采取防护措施等。底开门的搭扣是否全部扣上。车体上是否拴挂有绳索、铁线，端、侧墙上是否有残货、石块等危及行车安全的杂物。

（一）敞车侧开门上插销未入槽（图 1-2）

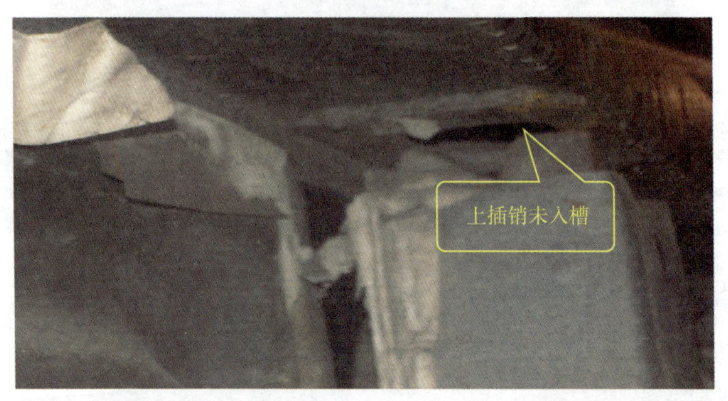

图 1-2　敞车侧开门上插销未入槽

存在问题　敞车侧开门上插销未入槽。

造成后果　车门开放打坏行车设备。

处理方法　（1）设置好防护后在列入槽处理；（2）在列无法处理时甩车处理，并拍发电报。

（1）《铁路货物运输管理规则》第十四条：装车后，对装载货物的敞车，要检查车门插销、底开门搭扣和篷布苫盖、捆绑情况；第四十六条：车门插销不严、危及运输安全，由发现站按规定换装或整理并拍发电报。

（2）《铁路货运检查管理规则》第二十五条：（四）1. 在列整理。对发生装载加固、篷布苫盖、门窗盖阀等方面问题的，不需要甩车处理时，应采取有效防护措施后对车列内需整理货车进行整理。

（二）敞车侧开门上锁销拉杆未锁闭（图 1-3）

图 1-3　敞车侧开门上锁销拉杆未锁闭

存在问题 敞车侧开门上插销拉杆未锁闭。

造成后果 （1）敞车侧开门上锁销出槽；（2）车门开启。

处理方法 设置好防护后在列将拉杆锁闭处理或加固处理。

（1）《铁路货物运输管理规则》第十四条：装车后，对装载货物的敞车，要检查车门插销、底开门搭扣和篷布苫盖、捆绑情况；第四十六条：车门插销不严、危及运输安全，由发现站按规定换装或整理并拍发电报。

（2）《铁路货运检查管理规则》第二十五条：（四）1. 在列整理。对发生装载加固、篷布苫盖、门窗盖阀等方面问题的，不需要甩车处理时，应采取有效防护措施后对车列内需整理货车进行整理。

（三）敞车侧开门上锁销拉杆止挡铁作用不良（图 1-4）

存在问题 敞车侧开门锁销拉杆挡铁作用不良。

造成后果 （1）敞车侧开门上插销出槽；（2）车门开放打坏行车设备。

处理方法 设置好防护后在列恢复止挡铁作用处理或镀锌铁线加固处理。

（1）《铁路货物运输管理规则》第十四条：装车

图 1-4　敞车侧开门上锁销拉杆止挡铁作用不良

后，对装载货物的敞车，要检查车门插销、底开门搭扣和篷布苫盖、捆绑情况；第四十六条：车门插销不严、危及运输安全，由发现站按规定换装或整理并拍发电报。

（2）《铁路货运检查管理规则》第二十五条：（四）1. 在列整理。对发生装载加固、篷布苫盖、门窗盖阀等方面问题的，不需要甩车处理时，应采取有效防护措施后对车列内需整理货车进行整理。

（四）敞车侧开门上门锁杆折断（图 1-5）

存在问题　敞车侧开门上门锁杆折断。

造成后果　（1）敞车侧开门上插销脱槽；（2）车门开启。

处理方法　设置好防护后在列加固处理。

图 1-5 敞车侧开门上门锁杆折断

（1）《铁路货物运输管理规则》第十四条：装车后，对装载货物的敞车，要检查车门插销、底开门搭扣和篷布苫盖、捆绑情况；第四十六条：车门插销不严、危及运输安全，由发现站按规定换装或整理并拍发电报。

（2）《铁路货运检查管理规则》第二十五条：（四）1. 在列整理。对发生装载加固、篷布苫盖、门窗盖阀等方面问题的，不需要甩车处理时，应采取有效防护措施后对车列内需整理货车进行整理。

（五）敞车侧开门上门锁杆缺失（图 1-6）

图 1-6 敞车侧开门上门锁杆缺失

存在问题 敞车侧开门上门锁杆缺失。

造成后果 （1）敞车侧开门上插销脱槽；（2）车门开启。

处理方法 设置好防护后在列加固处理；无法在列整理时，甩车整理，并拍发电报。

规章依据

（1）《铁路货物运输管理规则》第十四条：装车后，对装载货物的敞车，要检查车门插销、底开门搭扣和篷布苫盖、捆绑情况；第四十六条：车门插销不严、危及运输安全，由发现站按规定换装或整理并拍发电报。

（2）《铁路货运检查管理规则》第二十五条第（四）

款规定，1. 在列整理。对发生装载加固、篷布苫盖、门窗盖阀等方面问题的，不需要甩车处理时，应采取有效防护措施后对车列内需整理货车进行整理。

（六）敞车侧开门下门锁销未入槽（图 1-7）

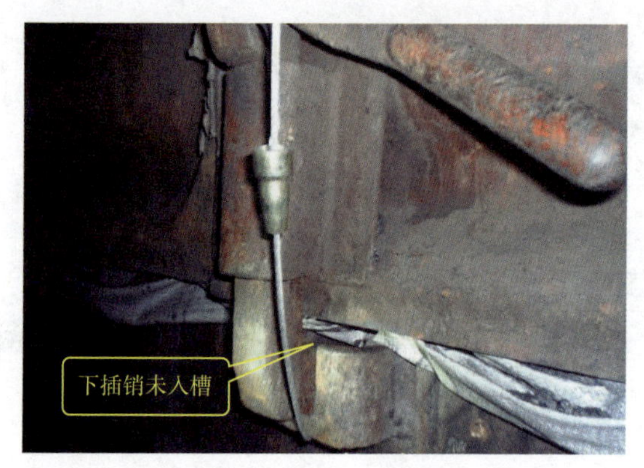

图 1-7　敞车侧开门下门锁销未入槽

存在问题　敞车侧开门下门锁销未入槽。

造成后果　（1）车门开启；（2）货物撒漏；（3）车辆偏载。

处理方法　（1）设置好防护后在列入槽处理；（2）在列无法处理时甩车处理，并拍发电报。

（1）《铁路货物运输管理规则》第十四条：装车后，对装载货物的敞车，要检查车门插销、底开门搭扣和篷布苫盖、捆绑情况；第四十六条：车门插销不严、

危及运输安全，由发现站按规定换装或整理并拍发电报。

(2)《铁路货运检查管理规则》第二十五条：(四) 1. 在列整理。对发生装载加固、篷布苫盖、门窗盖阀等方面问题的，不需要甩车处理时，应采取有效防护措施后对车列内需整理货车进行整理。

(七) 敞车侧开门下门锁销座缺失（图 1-8）

图 1-8 敞车侧开门下门锁销座缺失

存在问题 敞车侧开门下门锁销座缺失。

造成后果 (1) 敞车侧开门外胀、开启；(2) 货物坠落。

处理方法 设置好防护后在列加固处理；无法在列整理时，甩车整理，并拍发电报。

(1)《铁路货物运输管理规则》第十四条：装车后，对装载货物的敞车，要检查车门插销、底开门搭扣和

篷布苫盖、捆绑情况；第四十六条：车门插销不严、危及运输安全，由发现站按规定换装或整理并拍发电报。

(2)《铁路货运检查管理规则》第二十五条：(四) 1. 在列整理。对发生装载加固、篷布苫盖、门窗盖阀等方面问题的，不需要甩车处理时，应采取有效防护措施后对车列内需整理货车进行整理。

(八) 敞车侧开门下门锁销缺失（图 1-9）

图 1-9　敞车侧开门下门锁销缺失

存在问题　敞车侧开门下门锁销缺失。

造成后果　(1) 敞车侧开门外胀、开启；(2) 货物坠落、撒漏。

处理方法　设置好防护后在列加固处理；无法在列整理时，甩车整理，并拍发电报。

(1)《铁路货物运输管理规则》第十四条：装车后，对装载货物的敞车，要检查车门插销、底开门搭扣和篷布苫盖、捆绑情况；第四十六条：车门插销不严、危及运输安全，由发现站按规定换装或整理并拍发电报。

(2)《铁路货运检查管理规则》第二十五条：(四) 1. 在列整理。对发生装载加固、篷布苫盖、门窗盖阀等方面问题的，不需要甩车处理时，应采取有效防护措施后对车列内需整理货车进行整理。

(九) 敞车侧开门下门锁销座开焊（图 1-10）

图 1-10 敞车侧开门下门锁销座开焊

存在问题 敞车侧开门下门锁销座开焊。

造成后果 (1) 敞车侧开门外胀、开启；(2) 货物坠落。

处理方法 设置好防护后在列加固处理；无法在列

整理时，甩车整理，并拍发电报。

（1）《铁路货物运输管理规则》第十四条：装车后，对装载货物的敞车，要检查车门插销、底开门搭扣和篷布苫盖、捆绑情况；第四十六条：车门插销不严、危及运输安全，由发现站按规定换装或整理并拍发电报。

（2）《铁路货运检查管理规则》第二十五条：（四）1. 在列整理。对发生装载加固、篷布苫盖、门窗盖阀等方面问题的，不需要甩车处理时，应采取有效防护措施后对车列内需整理货车进行整理。

（十）敞车侧开门下锁铁缺失（图 1-11）

图 1-11　敞车侧开门下锁铁缺失

存在问题　敞车侧开门下锁铁缺失。

造成后果　（1）敞车侧开门外胀、开启；（2）货物撒漏、坠落。

处理方法　设置好防护后在列加固处理；无法在列整理时，甩车整理，并拍发电报。

（1）《铁路货物运输管理规则》第十四条：装车后，对装载货物的敞车，要检查车门插销、底开门搭扣和篷布苫盖、捆绑情况；第四十六条：车门插销不严、危及运输安全，由发现站按规定换装或整理并拍发电报。

（2）《铁路货运检查管理规则》第二十五条：（四）1. 在列整理。对发生装载加固、篷布苫盖、门窗盖阀等方面问题的，不需要甩车处理时，应采取有效防护措施后对车列内需整理货车进行整理。

（十一）敞车装载卷钢滚动（图 1-12）

存在问题　（1）卷钢滚动；（2）加固材料使用不符合规定。

造成后果　列车严重偏重、偏载。

处理方法　根据严重超偏载货车换装整理作业流程进行处理。甩车整理，拍发电报。

（1）《铁路货运计量安全检测设备运用管理规则》

(a) (b)

图 1-12 敞车卷钢滚动

第五十七条：货检站应加强超偏载检测装置检测结果的核实确认和处理，对装运卷钢和本局管内装车站装运，并发生一般超偏载问题的货车，应比照严重超偏载车进行处理。

(2)《铁路货物装载加固规则》第七十八条规定，(一)发现下列问题，应立即停车处理："卧装卷钢，发生滚动"。

(3)《铁路货运检查管理规则》第二十五条：(五)甩车整理的主要范围。货物发生严重倾斜、偏载、移位、窜动、坠落、倒塌和渗漏。

(4)中国国家铁路集团有限公司货运部《关于2019年7月及全年货运安全情况的通报》(货管函〔2019〕34号)中要求：2019年年底前"淘汰使用凹形草支垫、稻草掩挡等草质装载加固材料装运卷钢"。

（十二）敞车装载卷钢未进行捆绑加固（图 1-13）

图 1-13　敞车装载卷钢未进行捆绑加固

存在问题　（1）未进行捆绑加固；（2）加固材料使用不符合规定。

造成后果　卷钢移动，发生偏载、偏重。

处理方法　甩车整理、拍发电报。

（1）《铁路货物装载加固规则》第五十五条：卷钢无论立装、卧装或集束立装，卷钢（组）本身应用镀锌铁线、盘条或钢丝绳等与车体捆绑加固。

（2）《铁路货物装载加固定型方案》中立装卷钢装载方案相关规定：卷钢与车地板之间加垫稻草垫。

（3）《铁路货运检查管理规则》第二十五条：（五）甩车整理的主要范围。发生其他危及行车安全情况不能在列整理时。

三、装载超出敞车端侧板货物的检查内容

侧开门、下侧门关闭状态是否良好，上下门销及下侧门搭扣是否插牢扣好，铁线加固是否良好。货物装载有无异状或超过货车装载限界，支柱、挡板（壁）、铁线、绳索有无折断和松动，货物是否发生坠落、窜出。成件包装货物装载高度超出端侧板时，是否使用绳网上封式加固，绳网的质量是否良好，苫盖是否牢固。装载焦炭时，围挡安插是否牢固，有无倾斜、倒塌，是否苫盖焦炭网，捆绑是否牢固。

（一）紧靠支柱顶部的原木超出支柱（图 1-14）

图 1-14　紧靠支柱顶部的原木超出支柱

存在问题　紧靠支柱顶部的原木超出支柱。

造成后果　货物坠落。

处理方法　甩车整理、拍发电报。

(1)《铁路货物装载加固规则》第三十九条：紧靠支柱顶部的木材不得超出支柱。

(2)《铁路货运检查管理规则》第二十五条第（四）款规定，2. 甩车整理。对危及行车安全，又不能在列整理的车辆，货检员应报告车站调度员（值班员）甩车整理。甩车整理时，应做好防护工作。不允许在挂有接触网的线路（设有隔离开关的线路除外）整理车辆。第（五）款规定，甩车整理的主要范围：货物发生严重倾斜、偏载、移位、窜动、坠落、倒塌和渗漏。

(二) 板材窜动、挡壁支柱折断（图 1-15、图 1-16）

图 1-15　板材窜动

图 1-16　支柱折断

存在问题 板材窜动、挡壁支柱折断。

造成后果 (1) 挡壁支柱折断; (2) 造成货物坠落。

处理方法 按规定拍发电报，甩车处理。

(1)《铁路货物装载加固规则》第四条：使货物均衡、稳定、合理地分布在货车上，不超载，不偏载，不偏重，不集重；能够经受正常调车作业以及列车运行中所产生各种力的作用，在运输全过程中，不发生移动、滚动、倾覆、倒塌或坠落等情况。

(2)《铁路货运检查管理规则》第二十五条：(五) 甩车整理的主要范围。加固支柱折断，或装载加固材料(装置) 超限。

(3)《铁路货物运输管理规则》第四十六条：支柱、铁线、绳索有折断或松动，货物有坠落可能，由发现站按规定换装或整理并拍发电报。

(三) 原木兜头拦护的铁线脱落 (图 1-17)

图 1-17 铁线脱落

存在问题　原木兜头拦护的铁线脱落。

造成后果　加固失效，货物窜动。

处理方法　甩车整理，拍发电报。

(1)《铁路货物装载加固规则》第三十六条：不使用挡板时，靠车辆两端的起脊部分的顶层，应使用 8 号镀锌铁线 2 股对原木端部向支柱方向兜头拦护，镀锌铁线与每根原木端部接触处用 U 形钉钉固。

(2)《铁路货运检查管理规则》第二十五条：(五) 甩车整理的主要范围。货物发生严重倾斜、偏载、移位、窜动、坠落、倒塌和渗漏。

(3)《铁路货物运输管理规则》第四十六条：支柱、铁线、绳索有折断或松动，货物有坠落可能，由发现站按规定换装或整理并拍发电报。

(四) 货物窜动（图 1-18、图 1-19）

图 1-18　钢管窜动

图 1-19 原木窜动

存在问题 货物（钢管、原木）窜动。

造成后果 货物坠落等。

处理方法 甩车整理、拍发电报。

《铁路货运检查管理规则》第二十五条：（五）甩车整理的主要范围。货物发生严重倾斜、偏载、移位、窜动、坠落、倒塌和渗漏。

（五）竹围挡倒塌（图 1-20、图 1-21）

图 1-20 围挡倒塌

图 1-21　围挡外胀倒塌

存在问题　焦炭竹围挡倒塌。

造成后果　焦炭坠落。

处理方法　甩车整理，并拍发电报。

(1)《铁路货物装载加固规则》第七十八条：(二)发现下列问题，应在前方站停车处理："焦炭围挡倒塌"。

(2)《铁路货运检查管理规则》第二十五条：(五)甩车整理的主要范围。货物发生严重倾斜、偏载、移位、窜动、坠落、倒塌和渗漏。

（六）竹围挡安插不符合规定（图 1-22）

图 1-22　竹围挡安插不符合规定

存在问题　（1）端部围挡外胀，货物脱出兜在焦炭网中；（2）竹围挡安插不符合规定；（3）焦炭网苫盖不符合规定。

造成后果　货物坠落。

处理方法　甩车整理，并拍发电报。

（1）《铁路货物装载加固规则》第七十八条：（二）发现下列问题，应在前方站停车处理："焦炭围挡倒塌"。

（2）《铁路货物装载加固规则》附件 5 第三章第六节："（1）竹笆围挡的搭接长度不得小于 100 mm，每个搭接部分用直径不小于 3.2 mm 的镀锌铁线 2 股上下均匀拧固 4 处，将围挡连成一体。（2）禁止使用腐朽的竹板、锈蚀的铁线制作竹笆围挡。”第四章第二节：“敞车起脊装载焦炭后，可用焦炭网苫盖并将其系绳拴结在敞车下门挂钩或车侧丁字铁上。”

（3）《铁路货运检查管理规则》第二十五条：（五）甩车整理的主要范围。货物发生严重倾斜、偏载、移位、窜动、坠落、倒塌和渗漏。

（七）焦炭网张开（图 1-23）

图 1-23　焦炭网张开

存在问题　焦炭网张开。

造成后果　剐坏行车设备。

处理方法　甩车整理，并拍发电报。

（1）《铁路货物装载加固规则》附件5第四章第二节：敞车起脊装载焦炭后，可用焦炭网苫盖并将其系绳拴结在敞车下门挂钩或车侧丁字铁上。焦炭网的系绳必须拉紧拴牢。

（2）《铁路货运检查管理规则》第二十五条：（五）甩车整理的主要范围。发生其他危及行车安全情况不能在列整理时。

四、苫盖篷布的车辆检查内容

（一）苫盖篷布的车辆（图1-24）

图1-24　苫盖篷布的车辆

苫盖的篷布是否整体平坦、无掀起、无货物外露及胀出，包角密贴，各部位尺寸有无超出限界。是否按规定加盖篷布绳网。篷布绳、篷布绳网系绳是否按规定捆绑在车辆绳栓上，捆绑拴结后绳索余尾部分长度是否符合规定（长度不超过 300 mm，不短于 100 mm），余尾使用绳卡进行加固。腰绳、角绳、端绳、压绳是否齐全、捆绑牢固、质量良好，苫盖的篷布绳网质量是否良好，系绳是否齐全，捆绑是否牢固，有无破损和松动、掀起。超出端侧墙 1 m 以上的货物和派有押运人的货车，不允许苫盖篷布。

（二）篷布腰绳折断（图 1-25）

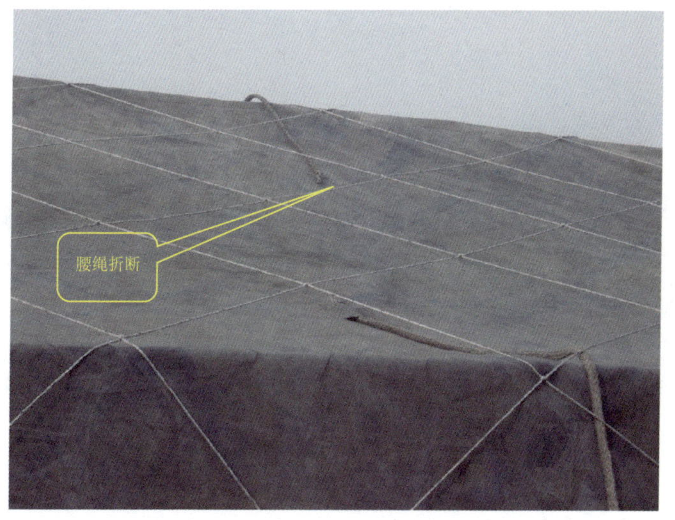

图 1-25　篷布腰绳折断

存在问题　篷布腰绳折断。

造成后果　绳索落地剐坏设备。

处理方法　甩车处理，拍发电报。

（1）《货车篷布管理规则》第十条：装车使用的篷布必须质量良好，篷布绳齐全，标记、号码完整清晰。第十九条：货检站应严格检查篷布苫盖质量，对篷布苫盖有问题的车辆，整理符合要求后方可放行。

（2）《铁路货运检查管理规则》第二十五条：（五）甩车整理的主要范围。篷布苫盖不整或缺少腰绳、篷布绳网。

（三）篷布未加盖篷布绳网（图 1-26）

图 1-26　篷布未加盖篷布绳网

存在问题　篷布未加盖篷布绳网。

造成后果　篷布掀起或脱落。

处理方法　甩车处理，送货场补苫；拍发电报，编制记录。

(1)《货车篷布管理规则》第十五条：苫盖篷布的敞车必须在发站加盖篷布绳网，使用篷布绳卡。篷布绳网、篷布绳卡由托运人自备，限一次性使用。第二十一条：运输途中发现未按规定使用篷布绳网时，发现站补苫后方可继续运输，相关费用向发站清算，并将漏苫和处理情况电告发站、发局并抄所在局、国铁集团货运部。

(2)《铁路货运检查管理规则》第二十五条：(五)甩车整理的主要范围。篷布苫盖不整或缺少腰绳、篷布绳网。

(四)篷布绳网破损(图 1-27)

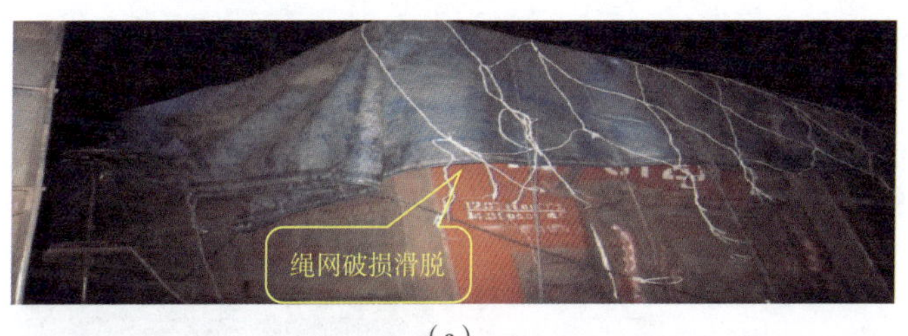

(a)

(b)

图 1-27 篷布绳网破损

存在问题 篷布绳网破损。

造成后果 篷布掀起或脱落。

处理方法 甩车补苫篷布绳网，按规定拍发电报，编制记录。

(1)《货车篷布管理规则》第十九条：货检站应严格检查篷布苫盖质量，对篷布苫盖有问题的车辆，整理符合要求后方可放行。附件 1 三、(五)：苫盖篷布绳网时，网要盖正，网眼完全张开，与篷布密贴。先从车辆两侧拴结，使篷布绳网完全盖住篷布，最后拴结车辆两端的拴结点。篷布绳网与货车的捆绑按照篷布与货车的捆绑要求办理。

(2)《铁路货运检查管理规则》第二十五条：(五)甩车整理的主要范围。发生其他危及行车安全情况不能在列整理时。

(五) 篷布破烂、篷布绳网破烂滑落(图 1-28)

(a)

(b)

图 1-28 篷布绳网破烂滑落

存在问题　篷布破损、篷布绳网破烂滑落。

造成后果　篷布掀起、脱落刮坏行车设备；货物湿损。

处理方法　甩车补苫篷布及篷布绳网，按规定拍发电报，编制记录。

(1)《货车篷布管理规则》第十九条：货检站应严格检查篷布苫盖质量，对篷布苫盖有问题的车辆，整理符合要求后方可放行。附件1：苫盖前质量检查布体完整，无破损，眼圈完好，标记、号码完整清晰，绳索齐全、完整、无接头、插接牢固，与篷布连接正确。苫盖篷布绳网时，网要盖正，网眼完全张开，与篷布密贴。先从车辆两侧拴结，使篷布绳网完全盖住篷布，最后拴结车辆两端的拴结点。

(2)《铁路货运检查管理规则》第二十五条：(五)甩车整理的主要范围。1. 篷布苫盖不整或缺少腰绳、篷布绳网；11. 发生其他危及行车安全情况不能在列整理时。

(3)《铁路货物运输管理规则》第四十六条：篷布(包括自备篷布)苫盖捆绑不牢、被刮掉或被割危及运输安全，及时进行整理。丢失或补苫篷布时由发现站拍发电报并编制记录。

(六) 篷布、篷布绳网破损（图 1-29）

图 1-29 篷布、篷布绳网破损

存在问题 篷布、篷布绳网破损，苫盖不整。

造成后果 篷布脱落。

处理方法 甩车整理、补苫篷布、拍发电报、编制普通记录。

(1)《货车篷布管理规则》第十九条：货检站应严格检查篷布苫盖质量，对篷布苫盖有问题的车辆，整理符合要求后方可放行。第二十一条：运输途中发现未按规定使用篷布绳网时，发现站补苫后方可继续运输。

(2)《铁路货运检查管理规则》第二十五条：（五）甩车整理的主要范围。1. 篷布苫盖不整或缺少腰绳、篷布绳网；11. 发生其他危及行车安全情况不能在列整理时。

（3）《铁路货物运输管理规则》第四十六条：篷布（包括自备篷布）苫盖捆绑不牢、被刮掉或被割危及运输安全。及时进行整理。丢失或补苫篷布时由发现站拍发电报并编制记录。

（七）篷布腰绳未与车体拴结（图 1-30）

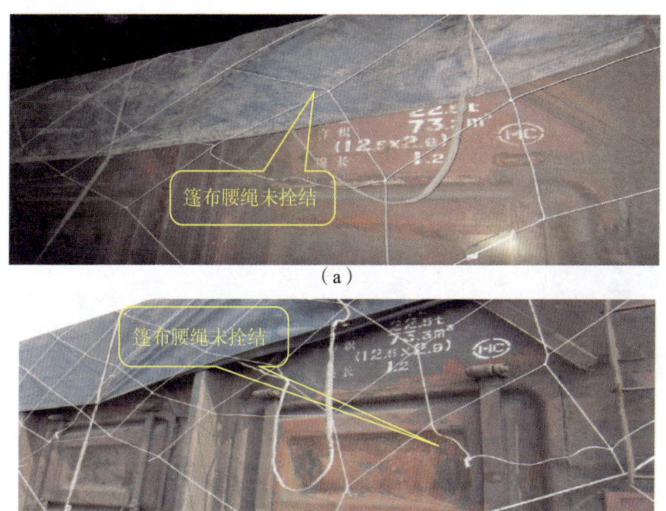

（a）

（b）

图 1-30　篷布腰绳未与车体拴结

存在问题　篷布腰绳未与车体拴结。

造成后果　篷布腰绳脱地，剐坏行车设备。

处理方法　设置好防护后在列整理。

(1)《货车篷布管理规则》第十九条：货检站应严格检查篷布苫盖质量，对篷布苫盖有问题的车辆，整理符合要求后方可放行。附件 1 三、(四) 1：篷布绳应拴结在货车绳栓上，不得捆绑在其他部位。

(2)《铁路货运检查管理规则》第二十五条：(四) 1. 在列整理。对发生装载加固、篷布苫盖、门窗盖阀等方面问题的，不需要甩车处理时，应采取有效防护措施后对车列内需整理货车进行整理。

(八) 篷布缺少腰绳（图 1-31）

图 1-31 篷布缺少腰绳

存在问题 篷布缺少腰绳。

造成后果 篷布脱落。

处理方法 甩车处理，按规定拍发电报。

（1）《货车篷布管理规则》第十条：装车使用的篷布必须质量良好，篷布绳齐全，标记、号码完整清晰；第十九条：货检站应严格检查篷布苫盖质量，对篷布苫盖有问题的车辆，整理符合要求后方可放行。

（2）《铁路货运检查管理规则》第二十五条：（五）甩车整理的主要范围。篷布苫盖不整或缺少腰绳、篷布绳网。

（九）篷布端绳未拴结（图 1-32）

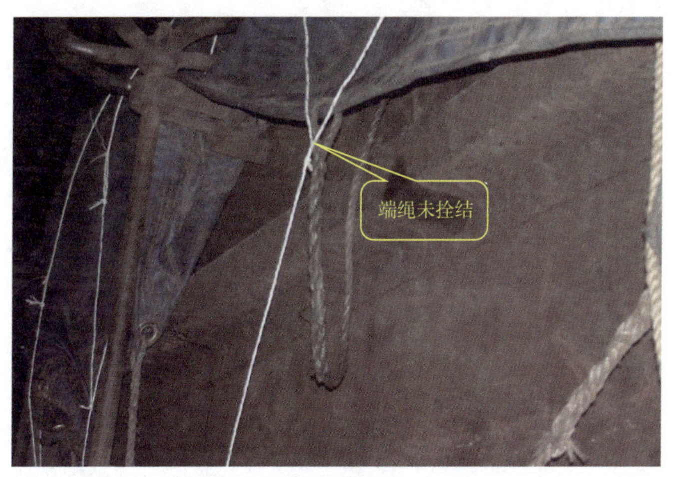

图 1-32 篷布端绳未拴结

存在问题 篷布端绳未与车体拴结。

造成后果 篷布端绳脱落，刷坏行车设备。

处理方法 设置好防护后在列整理。

(1)《货车篷布管理规则》第十九条：货检站应严格检查篷布苫盖质量，对篷布苫盖有问题的车辆，整理符合要求后方可放行。附件1三、(四)3：货车两端篷布中间的两根端绳分别垂直向下拉紧拴结在车辆端部的两绳栓上，经提钩杆时，也应从其内侧穿过。

(2)《铁路货运检查管理规则》第二十五条：(四)1. 在列整理。对发生装载加固、篷布苫盖、门窗盖阀等方面问题的，不需要甩车处理时，应采取有效防护措施后对车列内需整理货车进行整理。

(十) 篷布附加腰绳折断(图1-33)

图1-33 篷布附加腰绳折断

存在问题 篷布附加腰绳折断。

造成后果　附加腰绳坠落打伤行车设备。

处理方法　设置好防护后在列捆绑。

(1)《货车篷布管理规则》附件 1 三、(四)：除篷布自带绳索外，不得使用其他绳索捆绑篷布。

(2)《铁路货运检查管理规则》第二十五条：(四) 1. 在列整理。对发生装载加固、篷布苫盖、门窗盖阀等方面问题的，不需要甩车处理时，应采取有效防护措施后对车列内需整理货车进行整理。

(十一) 篷布积水(图 1-34)

(a)

(b)

图 1-34　篷布积水

存在问题　篷布积水。

造成后果　篷布绳索拉断、篷布滑落。

处理方法　甩车处理，拍发电报。

（1）《货车篷布管理规则》附件1一、（五）：货物装载高度低于车辆端侧墙时，可安置篷布支架，支架突出部位与篷布接触处应采取防磨措施。

（2）《铁路货运检查管理规则》第二十五条：（五）甩车整理的主要范围。篷布苫盖不整或缺少腰绳、篷布绳网。

（十二）袋装货物突出车帮（图1-35、图1-36）

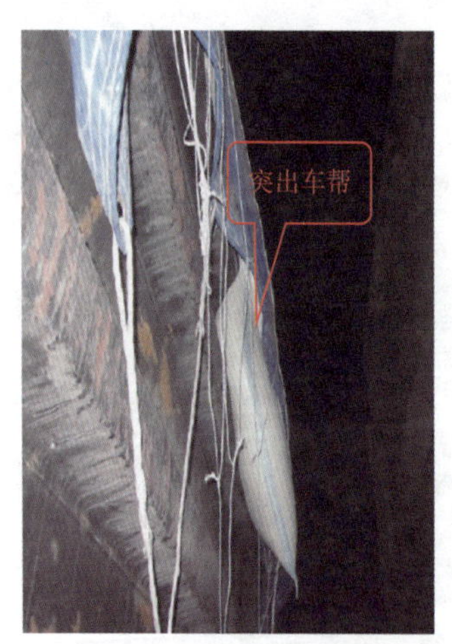

图1-35　突出车帮

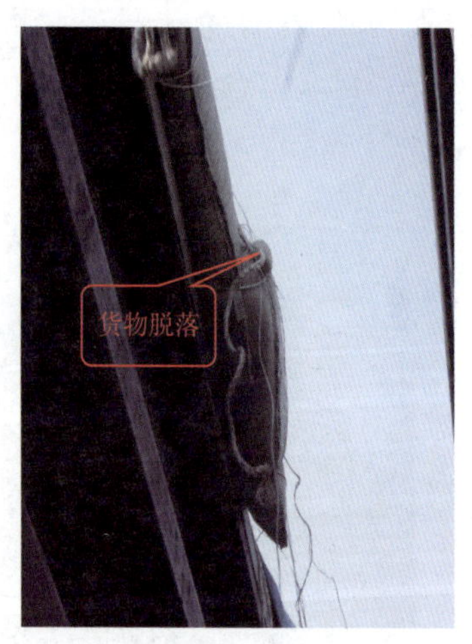

图1-36　货物脱落

存在问题　袋装货物突出车帮，有脱落可能。

造成后果　货物坠落。

处理方法　电气化区段甩车整理并拍发电报。无电气化区段在设置好防护措施后进行在列整理。

(1)《货车篷布管理规则》附件1四、(一)：篷布苫盖平坦，货物不外露，两端包角密贴，两侧线条流畅。各部位不超限。

(2)《铁路货运检查管理规则》第二十五条：(五)甩车整理的主要范围。货物发生严重倾斜、偏载、移位、窜动、坠落、倒塌和渗漏。

(十三) 篷布苫盖不平坦（图1-37）

图1-37　篷布苫盖不平坦

存在问题　篷布苫盖不平坦，包角不密贴，两侧线条不流畅。

造成后果　篷布脱落，有超限可能。

处理方法　能在列整理时在采取好防护措施后在列整理，不能在列整理时拍发电报甩车整理。

（1）《货车篷布管理规则》附件1：篷布苫盖平坦，货物不外露，两端包角密贴，两侧线条流畅。各部位不超限。篷布包角应将篷布角绳拉紧，使篷布角向内侧展开成三角形，布角两面压平后折向货车端墙，在车辆两端严密包角，使压绳压住包角。

（2）《铁路货运检查管理规则》第二十五条：（四）1. 在列整理：对发生装载加固、篷布苫盖、门窗盖阀等方面问题的，不需要甩车处理时，应采取有效防护措施后对车列内需整理货车进行整理。2. 甩车整理：对危及行车安全，又不能在列整理的车辆，货检员应报告车站调度员（值班员）甩车整理。甩车整理时，应做好防护工作。不允许在挂有接触网的线路（设有隔离开关的线路除外）整理车辆。

（十四）塑料片代替货车篷布（图1-38）

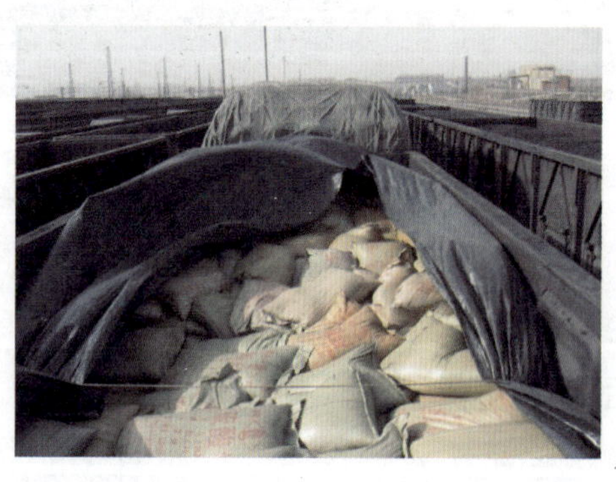

图1-38 塑料片代替货车篷布

存在问题　塑料片代替货车篷布。

造成后果　货物损失，塑料片张启刷碰接触网。

处理方法　甩车苫盖篷布、拍发电报、编制普通记录。

(1)《货车篷布管理规则》第七条：使用敞车装运怕湿货物应苫盖篷布。第二十条：对运输途中的货车，车站认为需要苫盖篷布时，须经铁路局集团公司调度批准；苫盖后，在货物运单、货票、货运票据封套、列车编组顺序表作相应修改，同时编制普通记录并拍发电报通知到站及有关单位。

(2)《铁路货运检查管理规则》第二十五条：（五）甩车整理的主要范围。篷布苫盖不整或缺少腰绳、篷布绳网。

(3)《铁路货物运输管理规则》第四十六条：篷布（包括自备篷布）苫盖捆绑不牢、被刮掉或被割危及运输安全。及时进行整理。丢失或补苫篷布时由发现站拍发电报并编制记录。

第二章　棚车构造、检查内容及问题车处理

一、棚车构造

棚车车门构造如图 2-1～图 2-4 所示。

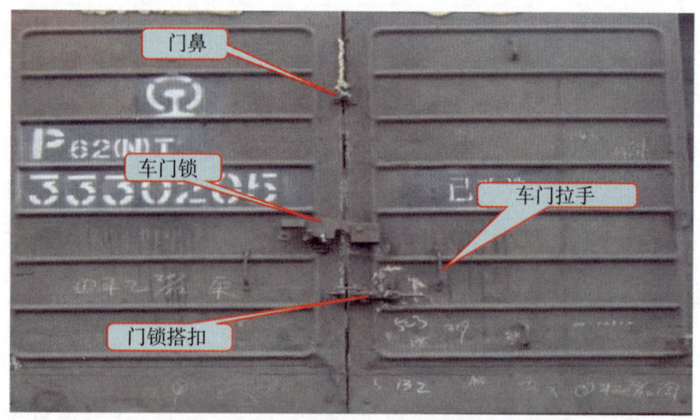

图 2-1　棚车车门构造

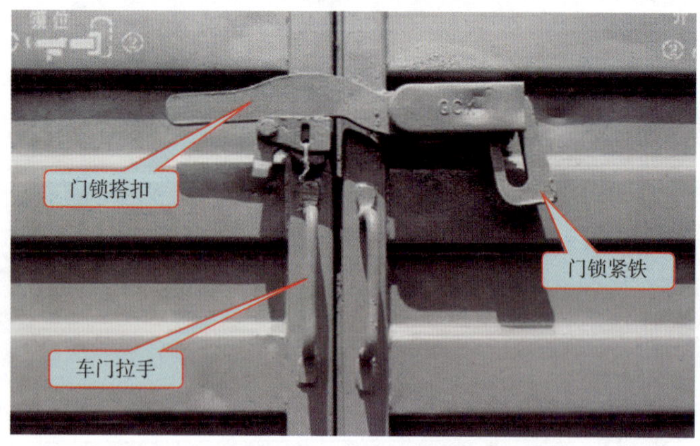

图 2-2　车门锁构造

(a)

(b)

图 2-3　车门下滑轮构造

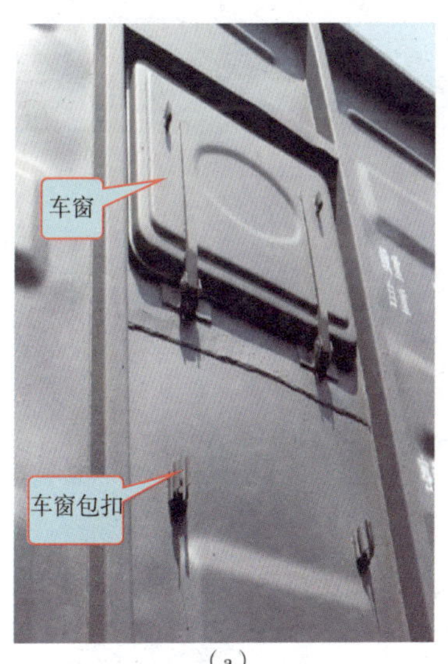

(a)

(b)

图 2-4　棚车侧面构造

二、空棚车的检查内容

（一）空棚车的检查内容（图 2-5）

门窗关闭是否良好，上下门扣是否用铁线拧固。车门技术状态是否良好，有无外胀及超限，滑轮有无脱槽。车体是否良好无破洞。

图 2-5　空棚车的检查内容

（二）空棚车车门开启（图 2-6）

（a）

图　2-6

(b)

图 2-6　空棚车车门开启

存在问题　空棚车车门开启。

造成后果　车门脱槽、脱框、坠落。

处理方法　设置好防护在列关闭加固处理，拍发电报。

(1)《铁路货物运输管理规则》第十五条：卸车后，应将车辆清扫干净，关好车门、车窗、阀、盖；第四十六条：车门窗未按规定关闭，由发现站关闭并拍发电报。

(2)《铁路货运检查管理规则》第二十五条：(四) 1. 在列整理。对发生装载加固、篷布苫盖、门窗盖阀等方面问题的，不需要甩车处理时，应采取有效防护措施后对车列内需整理货车进行整理。

（三）棚车车窗开启（图 2-7）

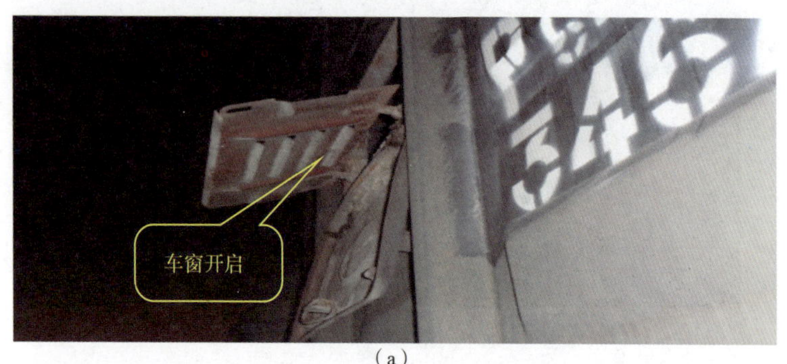

（a）

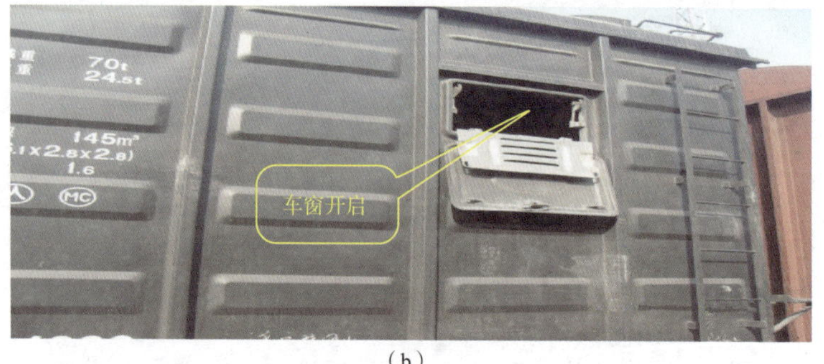

（b）

图 2-7　棚车车窗开启

存在问题　棚车车窗开启。

造成后果　车窗部位超限。

处理方法　设好防护现场关闭加固处理，拍发电报。

（1）依据《铁路货物运输管理规则》第十五条：卸车后，应将车辆清扫干净，关好车门、车窗、阀、盖；第四十六条：车门窗未按规定关闭，由发现站关闭并拍发电报。

（2）《铁路货运检查管理规则》第二十五条：（四）1. 在列整理。对发生装载加固、篷布苫盖、门窗盖阀等方面问题的，不需要甩车处理时，应采取有效防护措施后对车列内需整理货车进行整理。

三、施封及重棚车的检查内容

（1）货物列车无改编作业时，仅凭列车编组顺序表有关记载确认施封是否有效，不核对站名、号码；货物列车有改编作业时，确认施封是否有效，只核对封印站名、不核对号码，但对到达本站的作业车，不仅核对封印站名，还要核对号码。

（2）检查施封锁是否有效。

（3）检查封印是否失效、丢失、断开或不破坏封印即能开启车门。

（4）检查运输票据或封套上记载的封印站名或号码是否与现封不一致或发生涂改。

（5）检查货车已施封，是否在运输票据或封套上记明封印号码。编组顺序表有无“F”字样。

（6）检查货车是否使用施封锁施封（罐车和朝鲜进口货车除外）。

（7）检查在同一车门上是否使用两个以上封串联施封。

（8）检查货车两侧或一侧是否在车门上部施封。

（9）检查施封货车的上部门扣是否以铁线拧固（车门构造只有一个门扣或上部门扣损坏的除外）。

货车施封常见问题及处理方法见表 2-1。

表 2-1　货车施封常见问题

发现的问题	处理方法
（1）封印失效、丢失、断开或不破坏封印即能开启车门	拍发电报并补封，是否清点货件由发现站确定
（2）运输票据或封套上记载的封印站名或号码与现封不一致或发生涂改	核对站名，拍发电报。到站检查封印站名、号码
（3）货车已施封，但未在运输票据、封套上记明封印号码，编组顺序表无“F”字样	编制记录证明现状继运
（4）未使用施封锁施封（罐车和朝鲜进口货车除外）	拍发电报并补施施封锁
（5）在同一车门上使用两个以上封串联施封	拍发电报并补封，如因车门技术状态无法补封时，车站以交方责任继运
（6）货车两侧或一侧在车门上部施封	按现状拍发电报
（7）施封货车的上部门扣未以铁线拧固（车门构造只有一个门扣或上部门扣损坏的除外）	由发现站拧固

（一）棚车车门上部脱槽（图 2-8）

图 2-8　棚车车门上部脱槽

存在问题　棚车车门上部脱槽。

造成后果　(1) 车门脱落、货物坠落打坏行车设备、剐碰邻线列车；(2) 车辆偏载、脱轨、颠覆等行车事故的发生。

处理方法　(1) 现场加固处理不影响站内调车作业后，甩车处理；(2) 按规定拍发电报。

(1)《铁路货物运输管理规则》第十四条：装车后，认真检查车门、车窗、盖、阀关闭及拧固和装载加固情况。

(2)《铁路货运检查管理规则》第二十五条：(五) 甩车整理的主要范围。棚车车门脱槽，罐车上盖张开。

(二) 棚车车门下部脱槽 (图 2-9)

图 2-9　棚车车门下部脱槽

存在问题 棚车车门下部脱槽。

造成后果 （1）车门脱落、货物坠落打坏行车设备、剐碰邻线列车；（2）车辆偏载、脱轨、颠覆等行车事故的发生。

处理方法 （1）现场加固处理不影响站内调车作业后，甩车处理；（2）按规定拍发电报。

（1）《铁路货物运输管理规则》第十四条：装车后，认真检查车门、车窗、盖、阀关闭及拧固和装载加固情况。

（2）《铁路货运检查管理规则》第二十五条：（五）甩车整理的主要范围。棚车车门脱槽，罐车上盖张开。

（三）棚车明滑轮脱离滑道（图 2-10）

存在问题 棚车车门下部脱槽（车门明滑轮脱离滑道）。

造成后果 车门脱落、货物坠落打坏行车设备。

处理方法 （1）设好防护现场复位处理；（2）现场无法处理时甩车处理；（3）按规定拍发电报。

（1）《铁路货物运输管理规则》第十四条：装车后，认真检查车门、车窗、盖、阀关闭及拧固和装载加固情况。

（2）《铁路货运检查管理规则》第二十五条：（四）1. 在列整理：对发生装载加固、篷布苫盖、门窗盖阀等方面问题的，不需要甩车处理时，应采取有效防护措施

后对车列内需整理货车进行整理。2. 甩车整理：对危及行车安全，又不能在列整理的车辆，货检员应报告车站调度员（值班员）甩车整理。甩车整理时，应做好防护工作。不允许在挂有接触网的线路（设有隔离开关的线路除外）整理车辆。（五）甩车整理的主要范围。棚车车门脱槽，罐车上盖张开。

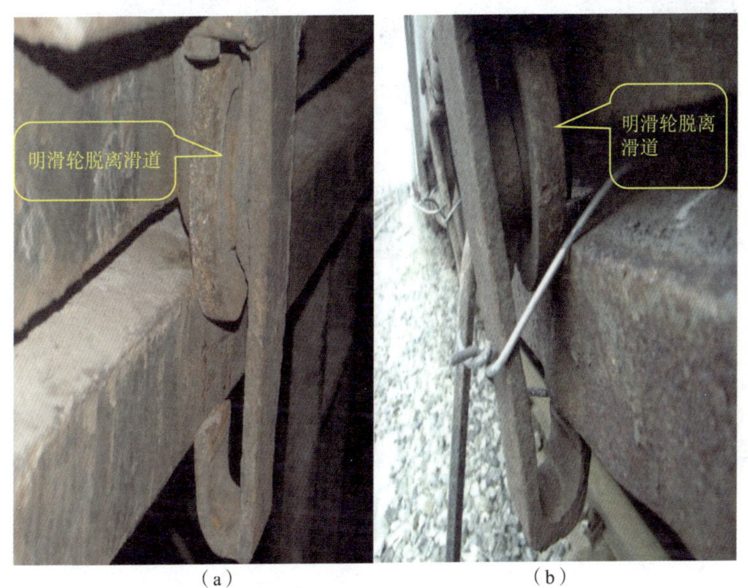

（a）　（b）

图 2-10　明滑轮脱离滑道

（四）棚车暗滑轮脱离轨道（图 2-11）

存在问题　棚车车门下部脱槽（车门暗滑轮脱离轨道）。

造成后果　车门脱落、货物坠落打坏、打伤行车设备、行人。

处理方法　（1）设好防护现场复位处理；（2）现场无法处理时甩车处理；（3）按规定拍发电报。

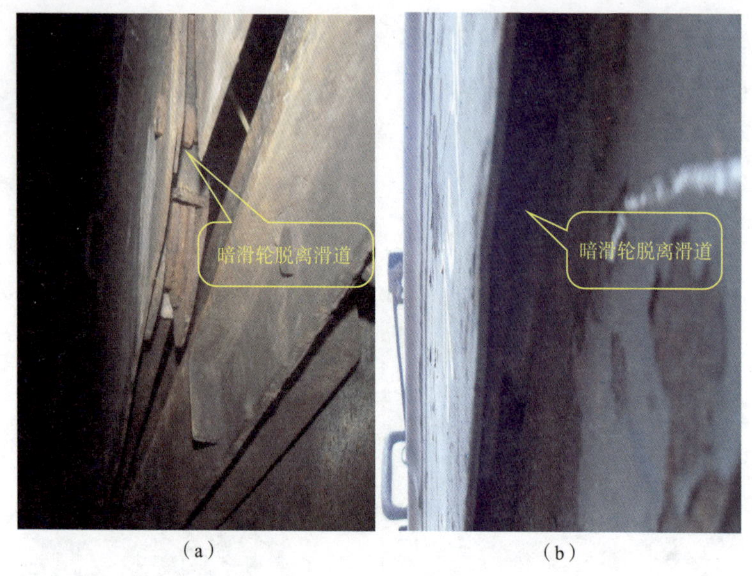

(a) (b)

图 2-11 暗滑轮脱离轨道

(1)《铁路货物运输管理规则》第十四条：装车后，认真检查车门、车窗、盖、阀关闭及拧固和装载加固情况。

(2)《铁路货运检查管理规则》第二十五条：(四) 1. 在列整理：对发生装载加固、篷布苫盖、门窗盖阀等方面问题的，不需要甩车处理时，应采取有效防护措施后对车列内需整理货车进行整理。2. 甩车整理：对危及行车安全，又不能在列整理的车辆，货检员应报告车站调度员（值班员）甩车整理。甩车整理时，应做好防护工作。不允许在挂有接触网的线路（设有隔离开关的线路除外）整理车辆。（五）甩车整理的主要范围。棚车车门脱槽，罐车上盖张开。

（五）车门下部脱槽、整体滑动（图 2-12）

图 2-12　车门下部脱槽、整体滑动

存在问题　棚车车门下部脱槽、右侧脱框，车门整体滑动。

造成后果　车门脱落、货物坠落打坏、打伤行车设备、行人。

处理方法　（1）现场加固处理不影响站内调车作业，甩车处理，记录注明调车限制条件；（2）按规定拍发电报。

（1）《铁路货物运输管理规则》第十四条：装车后，认真检查车门、车窗、盖、阀关闭及拧固和装载加固情况。

（2）《铁路货运检查管理规则》第二十五条：（五）甩车整理的主要范围。棚车车门脱槽，罐车上盖张开。

（六）棚车车门脱框（图 2-13）

图 2-13　棚车车门脱框

存在问题　棚车车门脱框。

造成后果　车门整体向一侧活动，车内货物坠落打坏、打伤行车设备、行人。

处理方法　（1）设好防护现场复位处理，空车可开启后重新关闭加固；（2）现场无法处理时甩车处理；（3）按规定拍发电报。

（1）《铁路货物运输管理规则》第十四条：装车前，

认真检查货车的车体（包括透光检查）、车门、车窗、盖阀是否完整良好。

（2）《铁路货运检查管理规则》第二十五条第（四）款规定，1. 在列整理：对发生装载加固、篷布苫盖、门窗盖阀等方面问题的，不需要甩车处理时，应采取有效防护措施后对车列内需整理货车进行整理。2. 甩车整理：对危及行车安全，又不能在列整理的车辆，货检员应报告车站调度员（值班员）甩车整理。甩车整理时，应做好防护工作。不允许在挂有接触网的线路（设有隔离开关的线路除外）整理车辆。第（五）款规定，甩车整理的主要范围。棚车车门脱槽，罐车上盖张开。

（七）棚车车门门搭扣变形侵限、车门脱框（图 2-14）

图 2-14　棚车车门门搭扣变形侵限、车门脱框

存在问题 棚车车门门搭扣变形侵限、车门脱框。

造成后果 门搭扣侵限剐碰设备；车门脱框造成车门滑动。

处理方法 设置好防护后在列加固整理。

(1)《铁路货物运输管理规则》第十四条：装车前，认真检查货车的车体（包括透光检查）、车门、车窗、盖阀是否完整良好……装车后，认真检查车门、车窗、盖、阀关闭及拧固和装载加固情况。

(2)《铁路货运检查管理规则》第二十五条：（四）1. 在列整理。对发生装载加固、篷布苫盖、门窗盖阀等方面问题的，不需要甩车处理时，应采取有效防护措施后对车列内需整理货车进行整理。

(八) 棚车车门缺少滑轮（图 2-15）

存在问题 棚车车门缺少门轮。

造成后果 车门脱槽坠落。

处理方法 (1) 设置好防护后在列整理；(2) 无法在列整理时，甩车整理，按规定拍发电报。

(1)《铁路货物运输管理规则》第十四条：装车前，认真检查货车车体（包括透光检查）、车门、车窗、盖阀是完整良好。

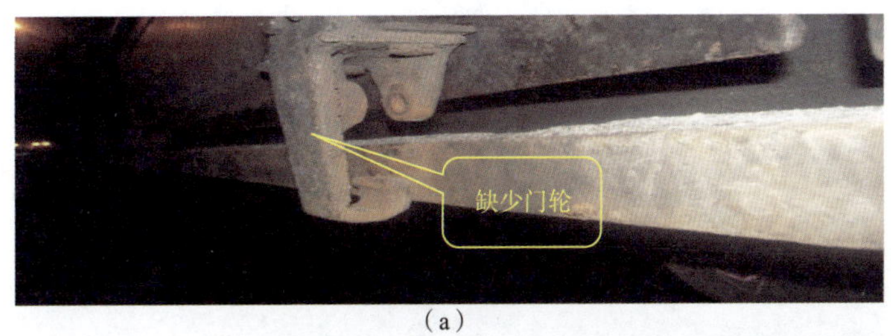

(a)

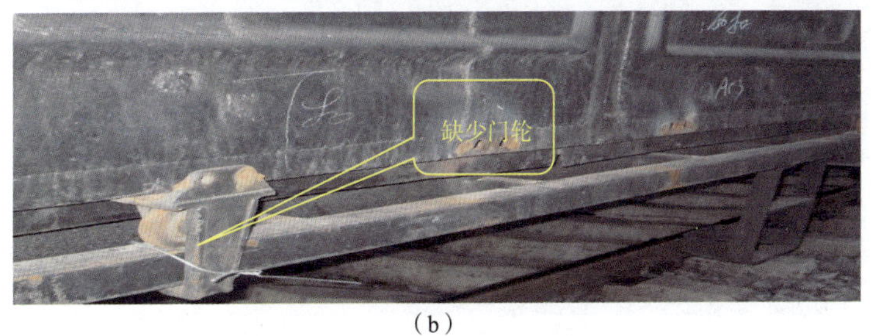

(b)

图 2-15　棚车车门缺少滑轮

(2)《铁路货运检查管理规则》第二十五条第（四）款规定，1. 在列整理：对发生装载加固、篷布苫盖、门窗盖阀等方面问题的，不需要甩车处理时，应采取有效防护措施后对车列内需整理货车进行整理。2. 甩车整理：对危及行车安全，又不能在列整理的车辆，货检员应报告车站调度员（值班员）甩车整理。甩车整理时，应做好防护工作。不允许在挂有接触网的线路（设有隔离开关的线路除外）整理车辆。第（五）款规定，甩车整理的主要范围。棚车车门脱槽，罐车上盖张开。

(九) 棚车车门半开连杆未固定、侵限（图 2-16）

存在问题　车门半开连杆未固定、侵限。

造成后果　车门固定杆侵限打坏、打伤行车设备。

图 2-16　车门半开连杆未固定、侵限

处理方法　设好防护现场固定处理。

(1) 依据《铁路货物运输管理规则》第十四条：装车前，认真检查货车的车体（包括透光检查）、车门、车窗、盖阀是否完整良好……装车后，认真检查车门、车窗、盖、阀关闭及拧固和装载加固情况。

(2)《铁路货运检查管理规则》第二十五条：(四) 1. 在列整理。对发生装载加固、篷布苫盖、门窗盖阀等方面问题的，不需要甩车处理时，应采取有效防护措施后对车列内需整理货车进行整理。

(十) 棚车车地板破损（图 2-17）

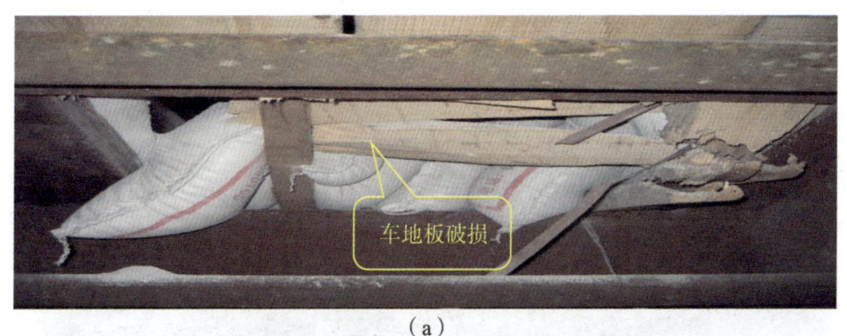

(a)

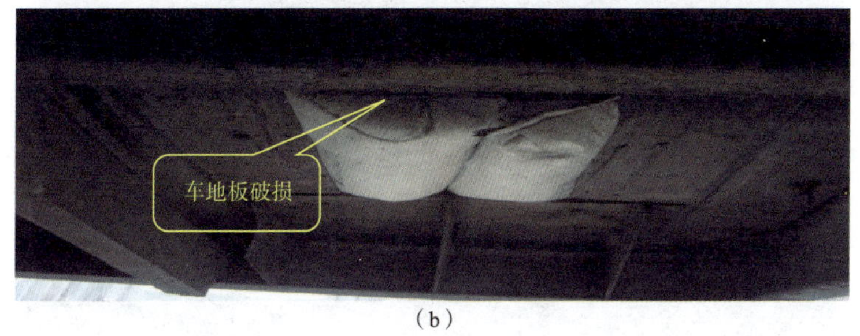

(b)

图 2-17 棚车车地板破损

存在问题 车地板破损。

造成后果 （1）货物坠落；（2）车辆偏载或偏重。

处理方法 拍发电报，并由车站处理。

（1）《铁路货物运输管理规则》第十四条：装车前，认真检查货车的车体（包括透光检查）、车门、车窗、盖阀是否完整良好；第四十六条：棚车车体、平车或集装箱专用平车装运的集装箱箱体的可见部位损坏或集装箱箱门开启，拍发电报，并由车站处理。

（2）《铁路货运检查管理规则》第二十五条：（四）

1. 在列整理。对发生装载加固、篷布苫盖、门窗盖阀等方面问题的，不需要甩车处理时，应采取有效防护措施后对车列内需整理货车进行整理。

（十一）重棚车车门开启（图 2-18）

图 2-18　重棚车车门开启

存在问题　重棚车车门开启。

造成后果　车内货物坠落打坏、打伤行车设备。

处理方法　（1）设好防护现场关闭加固处理；（2）现场无法处理时扣车处理；（3）如施封车按规定补封并拍发交接电报。

（1）《铁路货物运输管理规则》第十四条：装车后，认真检查车门、车窗、盖、阀关闭及拧固和装载加固情况。

（2）《铁路货运检查管理规则》第二十五条第（四）款规定，1. 在列整理：对发生装载加固、篷布苫盖、门窗盖阀等方面问题的，不需要甩车处理时，应采取有效防护措施后对车列内需整理货车进行整理。2. 甩车整理：对危及行车安全，又不能在列整理的车辆，货检员应报告车站调度员（值班员）甩车整理。甩车整理时，应做好防护工作。不允许在挂有接触网的线路（设有隔离开关的线路除外）整理车辆。第（五）款规定，甩车整理的主要范围。发生其他危及行车安全情况不能在列整理时。

（十二）锁杆从锁套中自由拔出（图 2-19）

图 2-19　锁杆从锁套中自由拔出

存在问题　锁杆从锁套中自由拔出（施封锁失效）。

造成后果　货物损失。

处理方法 拍发电报并补封，是否清点货件由发现站确定。

(1)《铁路货物运输规程》附件二："发现施封锁有下列情形之一，即按失效处理：①钢丝绳的任何一端可以自由拔出，锁芯可以从锁套中自由拔出；②钢丝绳断开后再接，重新使用；③锁套上无站名、号码和站名或号码不清、被破坏。"

(2)《铁路货物运输管理规则》第四十六条：封印失效、丢失、断开或不破坏封印即能开启车门。

(3)《铁路货运检查管理规则》第二十五条：(四)1. 在列整理。对发生装载加固、篷布苫盖、门窗盖阀等方面问题的，不需要甩车处理时，应采取有效防护措施后对车列内需整理货车进行整理。

(十三)锁杆折断(图 2-20)

存在问题 锁杆折断(施封锁失效)。

造成后果 货物损失。

处理方法 拍发电报并补封，是否清点货件由发现站确定。

(1)《铁路货物运输规程》附件二："发现施封锁有下列情形之一，即按失效处理：①钢丝绳的任何一端可以自由拔出，锁芯可以从锁套中自由拔出；②钢丝绳断

开后再接，重新使用；③锁套上无站名、号码和站名或号码不清、被破坏。”

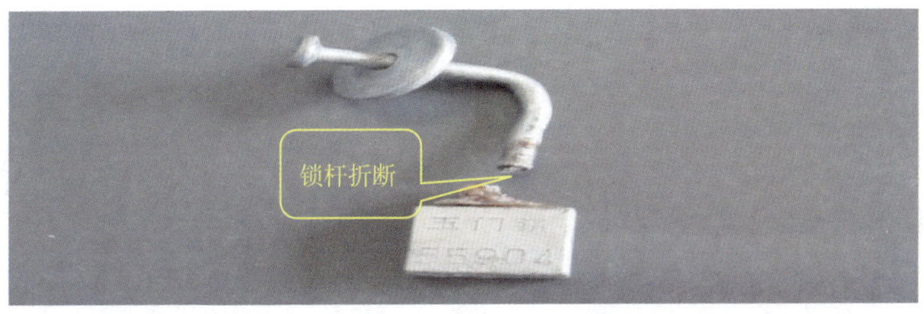

（a）

（b）

（c）

图 2-20　锁杆折断

(2)《铁路货物运输管理规则》第四十六条：封印失效、丢失、断开或不破坏封印即能开启车门。

(3)《铁路货运检查管理规则》第二十五条：(四) 1. 在列整理。对发生装载加固、篷布苫盖、门窗盖阀等方面问题的，不需要甩车处理时，应采取有效防护措施后对车列内需整理货车进行整理。

(十四) 串联施封(图 2-21)

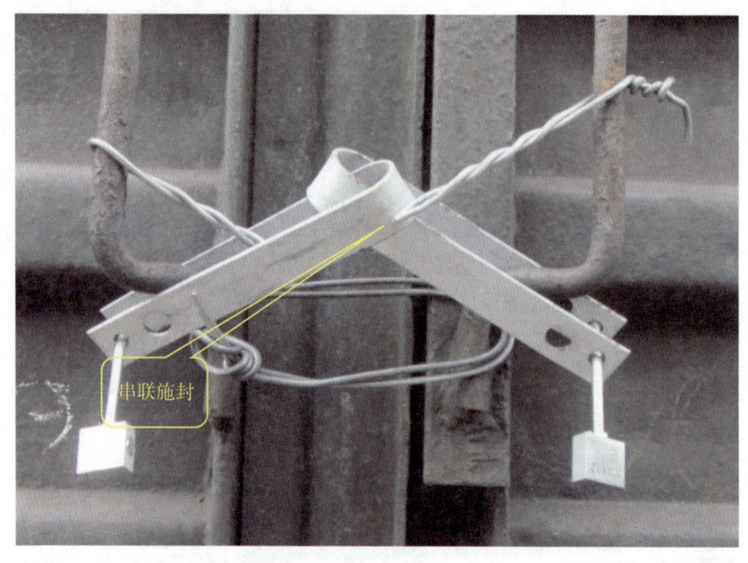

图 2-21 串联施封

存在问题 串联施封(封印失效)。

造成后果 货物损失。

处理方法 拍发电报并补封，如因车门技术状态无法补封时，车站以交方责任继运。

(1)《铁路货物运输规程》附件二（三）：施封的货车应使用粗铁线将两侧车门上部门扣和门鼻拧固并剪断燕尾，在每一车门下部门扣处施施封锁一枚。施封后须对施封锁的锁闭状态进行检查，确认落锁有效，车门不能拉开。

(2)《铁路货物运输管理规则》第四十六条：在同一车门上使用两个以上封串联施封，拍发电报并补封，如因车门技术状态无法补封时，车站以交方责任继运。

(3)《铁路货运检查管理规则》第二十五条：（四）1. 在列整理。对发生装载加固、篷布苫盖、门窗盖阀等方面问题的，不需要甩车处理时，应采取有效防护措施后对车列内需整理货车进行整理。

(十五) 上部施封（图 2-22）

存在问题　上部施封。

造成后果　货物损失。

处理方法　按现状拍发电报，并记明下部门扣状态。

《铁路货物运输规程》附件二（三）：施封的货车应使用粗铁线将两侧车门上部门扣和门鼻拧固并剪断燕尾，在每一车门下部门扣处施施封锁一枚。施封后须对施封锁的锁闭状态进行检查，确认落锁有效，车门不能拉开。

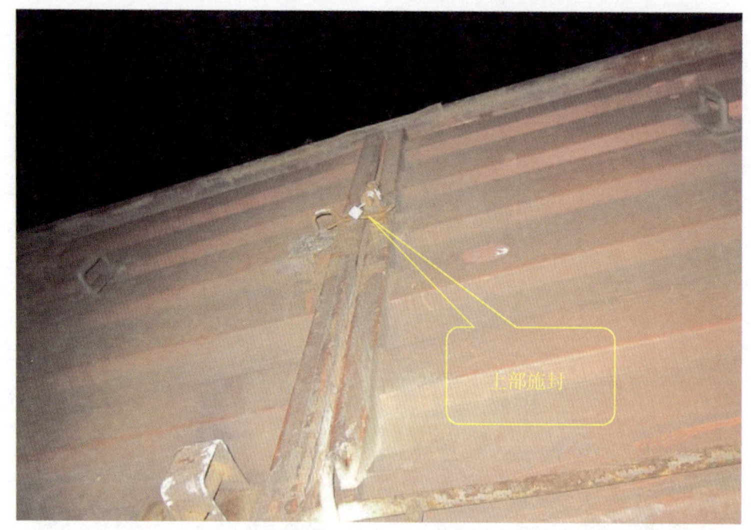

图 2-22　上部施封

（十六）铁线代替门扣（图 2-23）

(a)

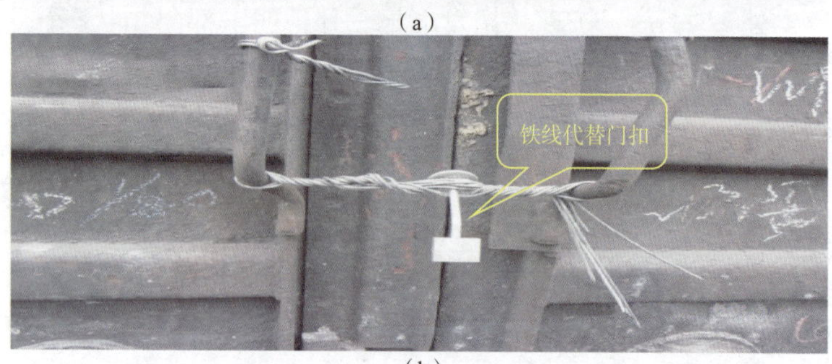

(b)

图 2-23　铁线代替门扣

存在问题　铁线代替门扣，不破坏封印能开启车门（封印失效）。

造成后果　货物损失。

处理方法　拍发电报并补封，是否清点货件由发现站确定。

（1）《铁路货物运输管理规则》第十四条：装车前，认真检查货车的车体（包括透光检查）、车门、车窗、盖阀是否完整良好；第四十六条：封印失效、丢失、断开或不破坏封印即能开启车门，拍发电报并补封，是否清点货件由发现站确定。

（2）《铁路货运检查管理规则》第二十五条：（四）1. 在列整理。对发生装载加固、篷布苫盖、门窗盖阀等方面问题的，不需要甩车处理时，应采取有效防护措施后对车列内需整理货车进行整理。

（十七）棚车门扣损坏（图 2-24）

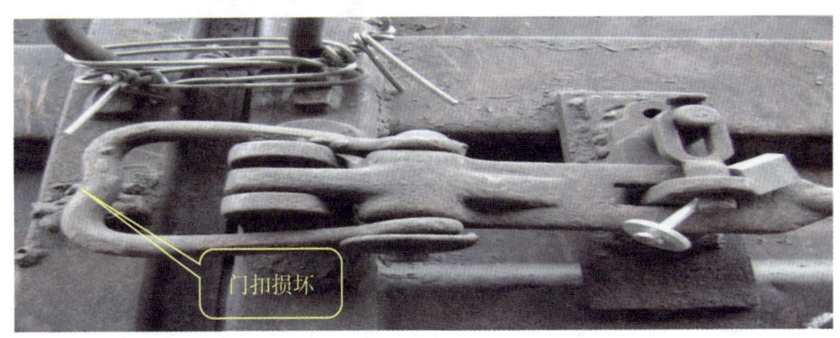

（a）

图　2-24

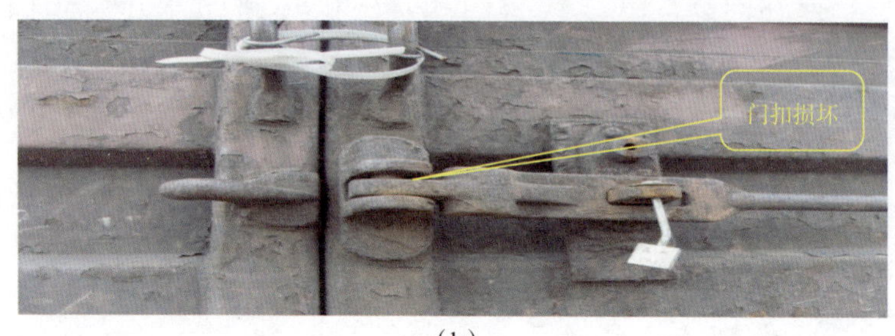

（b）

图 2-24 棚车门扣损坏

存在问题 棚车门扣损坏、不破坏封印能开启车门（封印失效）。

造成后果 货物损失。

处理方法 拍发电报并补封，是否清点货件由发现站确定。

（1）《铁路货物运输管理规则》第十四条：装车前，认真检查货车的车体（包括透光检查）、车门、车窗、盖阀是否完整良好；第四十六条：封印失效、丢失、断开或不破坏封印即能开启车门，拍发电报并补封，是否清点货件由发现站确定。

（2）《铁路货运检查管理规则》第二十五条：（四）1. 在列整理。对发生装载加固、篷布苫盖、门窗盖阀等方面问题的，不需要甩车处理时，应采取有效防护措施后对车列内需整理货车进行整理。

（十八）施封位置错误（图 2-25）

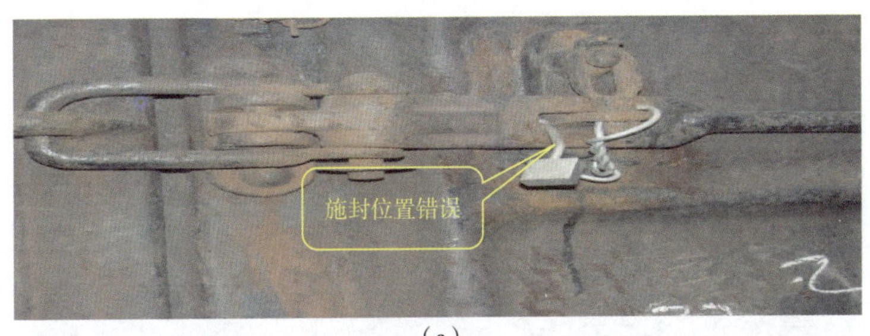

（a）

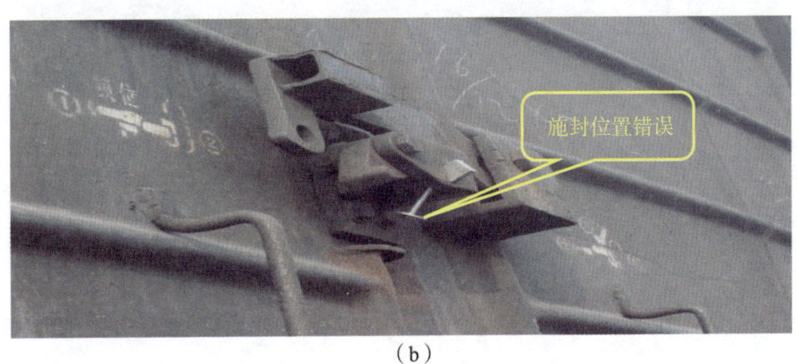

（b）

图 2-25　施封位置错误

存在问题　施封位置错误，不破坏封印能开启车门（封印失效）。

造成后果　货物损失。

处理方法　拍发电报并补封，是否清点货件由发现站确定。

（1）《铁路货物运输管理规则》第四十六条：封印失效、丢失、断开或不破坏封印即能开启车门，拍发电

报并补封，是否清点货件由发现站确定。

(2)《铁路货运检查管理规则》第二十五条：(四) 1. 在列整理。对发生装载加固、篷布苫盖、门窗盖阀等方面问题的，不需要甩车处理时，应采取有效防护措施后对车列内需整理货车进行整理。

(十九) 施封方法错误 (图 2-26)

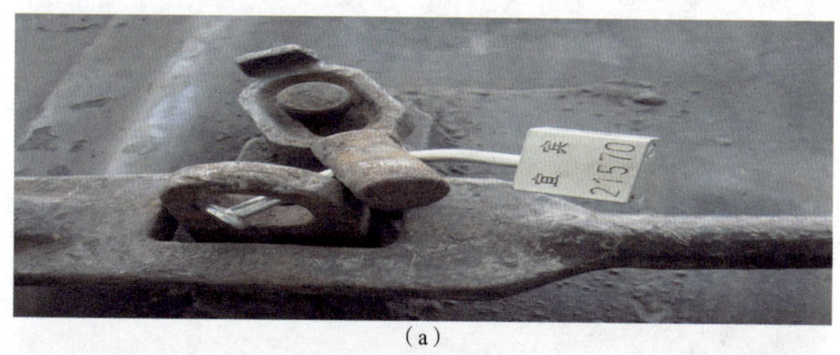

(a)

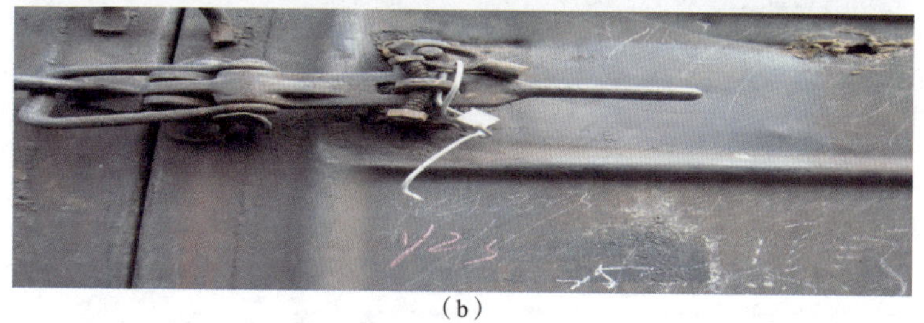

(b)

图 2-26　施封方法错误

存在问题　施封方法错误，不破坏封印能开启车门(封印失效)。

造成后果　货物损失。

处理方法　拍发电报并补封，是否清点货件由发现站确定。

（1）《铁路货物运输管理规则》第四十六条：封印失效、丢失、断开或不破坏封印即能开启车门，拍发电报并补封，是否清点货件由发现站确定。

（2）《铁路货运检查管理规则》第二十五条：（四）1. 在列整理。对发生装载加固、篷布苫盖、门窗盖阀等方面问题的，不需要甩车处理时，应采取有效防护措施后对车列内需整理货车进行整理。

（二十）使用非专用垫片（图 2-27）

（a）

（b）

图 2-27　非专用垫片孔过大

存在问题 使用非专用垫片，不破坏封印能开启车门（封印失效）。

造成后果 货物损失。

处理方法 拍发电报并补封，是否清点货件由发现站确定。

（1）《铁路货物运输管理规则》第四十六条：封印失效、丢失、断开或不破坏封印即能开启车门，拍发电报并补封，是否清点货件由发现站确定。

（2）《铁路货运检查管理规则》第二十五条：（四）1. 在列整理。对发生装载加固、篷布苫盖、门窗盖阀等方面问题的，不需要甩车处理时，应采取有效防护措施后对车列内需整理货车进行整理。

（二十一）焊接的车门鼻孔过大（图 2-28）

存在问题 焊接的车门鼻孔过大，不破坏封印能开启车门（封印失效）。

造成后果 货物损失。

处理方法 拍发电报并补封，是否清点货件由发现站确定。

（1）《铁路货物运输管理规则》第十四条：装车前，认真检查货车的车体（包括透光检查）、车门、车窗、

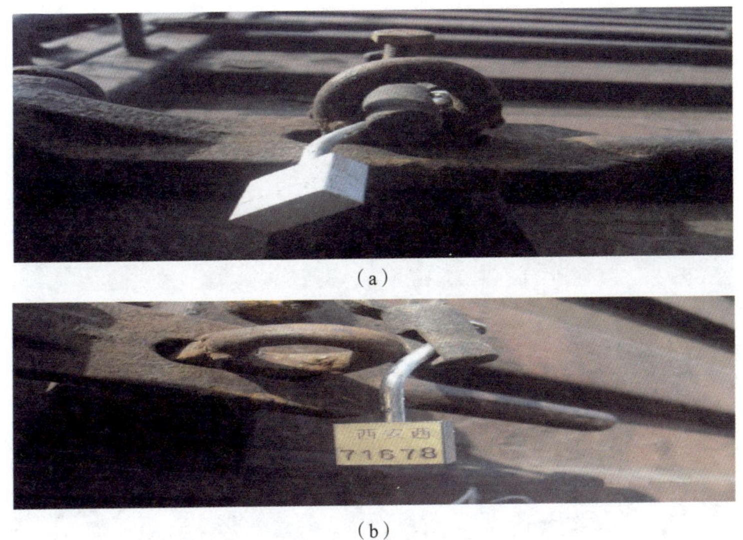

（a）

（b）

图 2-28　焊接的车门鼻孔过大

盖阀是否完整良好；第四十六条：封印失效、丢失、断开或不破坏封印即能开启车门，拍发电报并补封，是否清点货件由发现站确定。

（2）《铁路货运检查管理规则》第二十五条：（四）1. 在列整理。对发生装载加固、篷布苫盖、门窗盖阀等方面问题的，不需要甩车处理时，应采取有效防护措施后对车列内需整理货车进行整理。

（二十二）不破坏封印开启车门（图 2-29）

存在问题　不破坏封印能开启车门（封印失效）。

造成后果　货物损失。

处理方法　拍发电报并补封，是否清点货件由发现站确定。

(a)

(b)

(c)

图　2-29

(d)

(e)

(f)

图　2-29

(g)

图 2-29　不破坏封印能开启车门

(1)《铁路货物运输管理规则》第十四条：装车前，认真检查货车的车体（包括透光检查）、车门、车窗、盖阀是否完整良好；第四十六条：封印失效、丢失、断开或不破坏封印即能开启车门，拍发电报并补封，是否清点货件由发现站确定。

(2)《铁路货运检查管理规则》第二十五条：（四）1. 在列整理。对发生装载加固、篷布苫盖、门窗盖阀等方面问题的，不需要甩车处理时，应采取有效防护措施后对车列内需整理货车进行整理。

（二十三）棚车一侧车门有两枚封印（图 2-30）

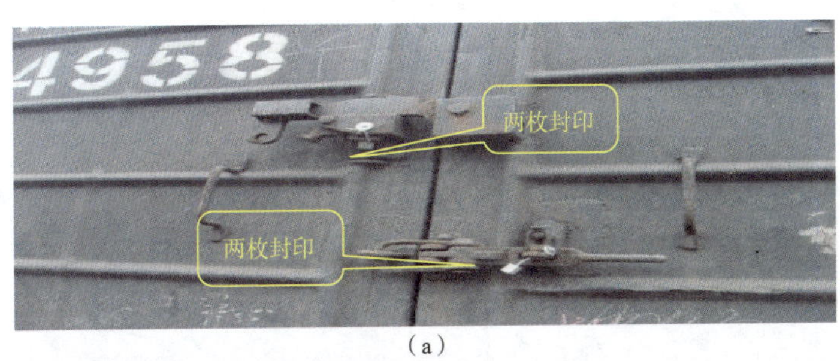

（a）

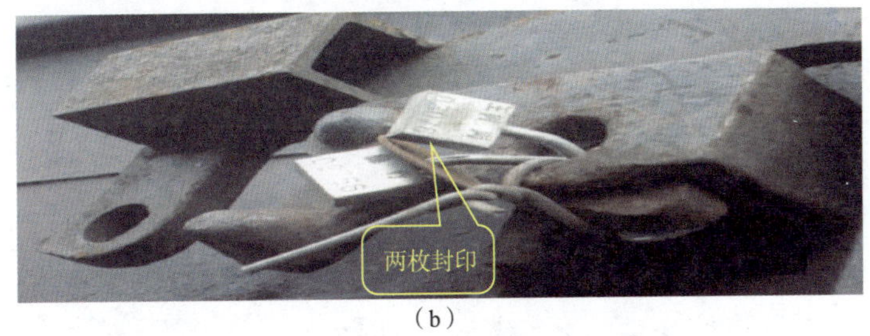

（b）

图 2-30　棚车一侧车门有两枚封印

存在问题　棚车一侧车门有两枚封印。

造成后果　货物损失。

处理方法　对照运统 1 剪掉残封。若两枚封印皆与票据记载不一致，全部剪掉，补施封锁一枚。

（1）《铁路货物运输规程》附件二（五）：卸车单位在拆封前，应根据货物运单、货车装载清单或货运票据封套上记载的施封号码与施封锁号码核对，并检查施封是否有效。拆封时，从钢丝绳处剪断，不得有损坏站

名、号码。拆下的施封锁，对编有记录涉及货物损失的，自卸车之日起，须保留180天备查。

(2)《铁路货运检查管理规则》第二十五条：(四)1. 在列整理。对发生装载加固、篷布苫盖、门窗盖阀等方面问题的，不需要甩车处理时，应采取有效防护措施后对车列内需整理货车进行整理。

(二十四)棚车一侧施封、另侧无封(图2-31、图2-32)

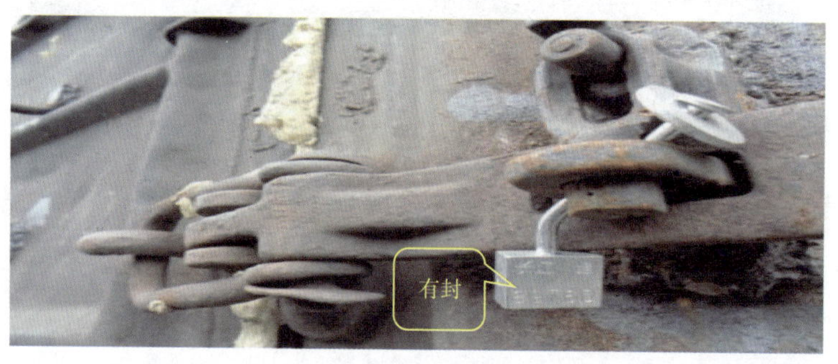

图2-31　棚车一侧施封

图2-32　棚车另侧无封

存在问题　棚车一侧车门施封，另侧无封。

造成后果　货物损失。

处理方法　拍发电报并补封，是否清点货件由发现站确定。

(1)《铁路货物运输管理规则》第四十六条：封印失效、丢失、断开或不破坏封印即能开启车门，拍发电报并补封，是否清点货件由发现站确定。

(2)《铁路货运检查管理规则》第二十五条：(四) 1. 在列整理。对发生装载加固、篷布苫盖、门窗盖阀等方面问题的，不需要甩车处理时，应采取有效防护措施后对车列内需整理货车进行整理。

(二十五) 棚车两侧封印站名不一致（图 2-33）

存在问题　棚车两侧封印站名不一致。

造成后果　货物损失。

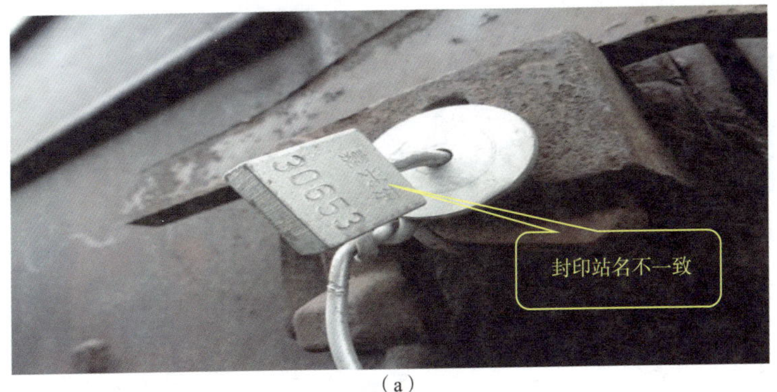

(a)

图 2-33

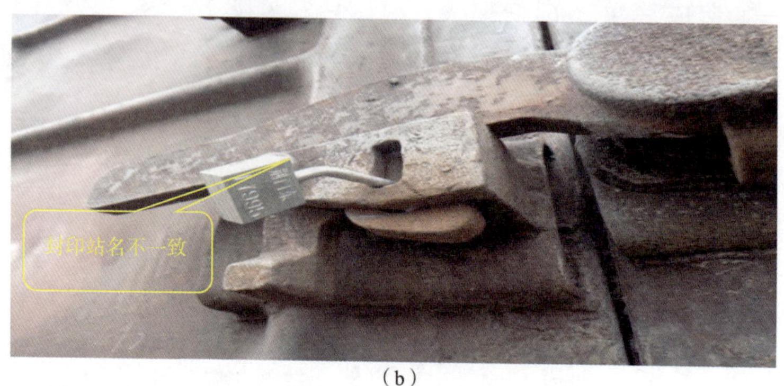

（b）

图 2-33　棚车两侧封印站名不一致

处理方法　核对站名、拍发电报。

《铁路货物运输管理规则》第四十三条：货物列车无改编作业时，货检站对货车的施封状态，仅凭列车编组顺序表的有关记载检查施封是否有效，不核对站名、号码。货物列车有改编作业时，货检站对货车的施封状态，交接时只核对站名，不核对号码。

第三章　罐车构造、检查内容及问题车处理

一、罐车构造

罐车构造如图 3-1～图 3-4 所示。

图 3-1　罐车构造

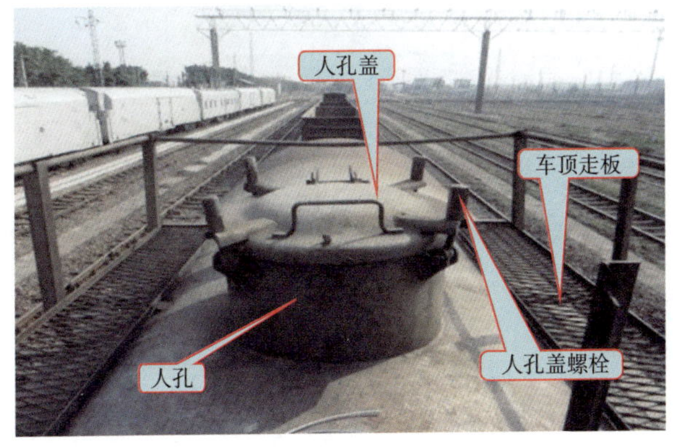

图 3-2　罐车上盖

图 3-3 罐车阀盖

图 3-4 沥青罐车端部构造

二、罐车类车辆检查重点

（一）检查重点（图 3-5）

上盖是否开启，防护栏杆有无倒塌、上翘、下垂、窜出以及超出限界，货物有无溢出或渗漏。下阀盖是否扣好，有无脱落。

图 3-5　罐车车辆检查重点

（二）罐车水平环形色带（图 3-6）

（三）油罐车人孔盖螺栓未拧固（图 3-7）

存在问题　油罐车人孔盖螺栓未拧固。

造成后果　（1）区间人孔盖开启；（2）重车货物外溢。

处理方法　电气化区段，甩车至无电区设好防护整理，按规定拍发站车交接电报。

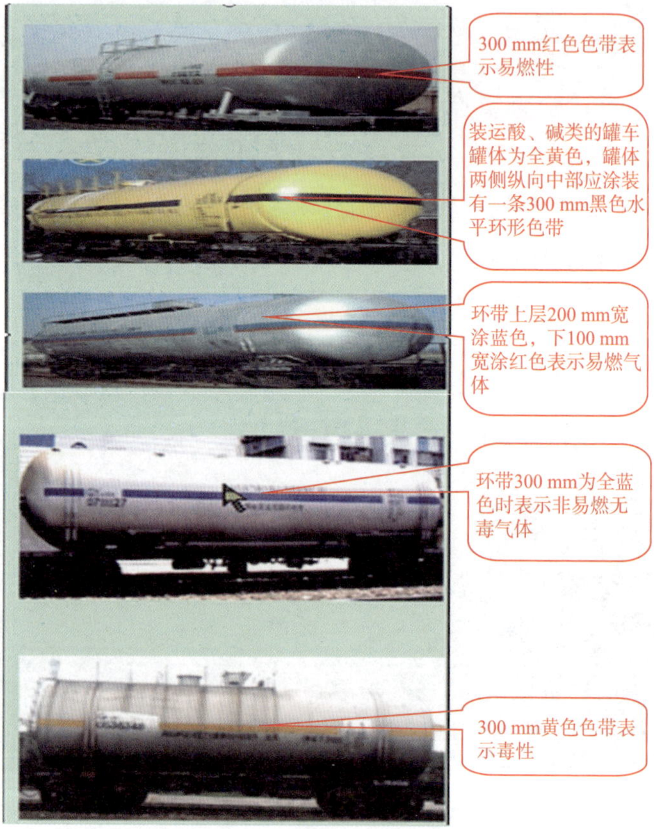
300 mm红色色带表示易燃性
装运酸、碱类的罐车罐体为全黄色，罐体两侧纵向中部应涂装有一条300 mm黑色水平环形色带
环带上层200 mm宽涂蓝色，下100 mm宽涂红色表示易燃气体
环带300 mm为全蓝色时表示非易燃无毒气体
300 mm黄色色带表示毒性

图 3-6　罐车水平环形色带

螺栓未拧固

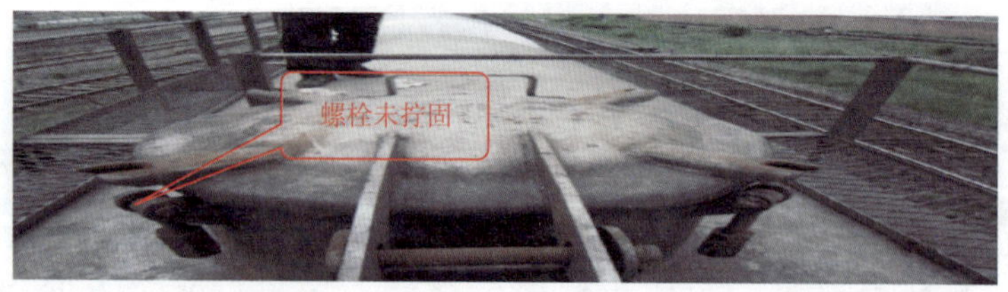

图 3-7　油罐车人孔盖螺栓未拧固

(1)《铁路危险货物运输管理规则》第八十四条：危险货物罐车装、卸车作业后，应及时关严罐车阀件，盖好人孔盖，拧紧螺栓，严禁混入杂质。

(2)《铁路货物运输管理规则》第三十三条：发现重罐车上盖开启，车站负责关好，并由交方编制普通记录证明。在发站和中途站发现空罐车、加冰冷藏车冰箱盖上盖张开，要及时关闭。

(3)《铁路货运检查管理规则》第二十五条：（四）2. 甩车整理。对危及行车安全，又不能在列整理的车辆，货检员应报告车站调度员（值班员）甩车整理。甩车整理时，应做好防护工作。不允许在挂有接触网的线路（设有隔离开关的线路除外）整理车辆。

（四）油罐车人孔盖开启（图 3-8）

(a)

图　3-8

（b）

图 3-8　罐车人孔盖开启

存在问题　罐车人孔盖开启。

造成后果　重车货物外溢。

处理方法　在电气化区段，甩车至无电区设好防护，关闭上盖，拧紧螺栓，按规定拍发电报。

（1）《铁路货物运输管理规则》第三十三条：发现重罐车上盖开启，车站负责关好，并由交方编制普通记录证明。在发站和中途站发现空罐车、加冰冷藏车冰箱盖上盖张开，要及时关闭。

（2）《铁路货运检查管理规则》第二十五条：（四）2. 甩车整理。对危及行车安全，又不能在列整理的车辆，货检员应报告车站调度员（值班员）甩车整理。甩车整理时，应做好防护工作。不允许在挂有接触网的线路（设有隔离开关的线路除外）整理车辆。

（五）沥青罐车上盖不良（图 3-9）

（a）

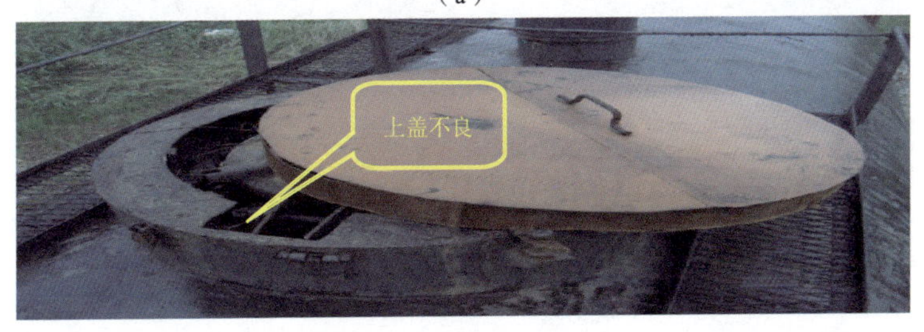

（b）

图 3-9　沥青罐车上盖不良

存在问题　沥青罐车上盖不良。

造成后果　上盖坠落。

处理方法　电气化区段，甩车至无电区设好防护整理，按规定拍发电报。

(1)《铁路货物运输管理规则》第十四条：装车前，认真检查货车的车体（包括透光检查）、车门、车窗、盖阀是否完整良好。装车后，认真检查车门、车窗、

盖、阀关闭及拧固和装载加固情况。

(2)《铁路货运检查管理规则》第二十五条：(四) 2. 甩车整理。对危及行车安全，又不能在列整理的车辆，货检员应报告车站调度员（值班员）甩车整理。甩车整理时，应做好防护工作。不允许在挂有接触网的线路（设有隔离开关的线路除外）整理车辆。

(六) 货物溢出（图 3-10）

图 3-10　货物溢出

存在问题　货物溢出。

造成后果　人孔盖张开，货物溢出。

处理方法　甩车整理、拍发电报。

(1)《铁路货运检查管理规则》第二十五条：(四)

2. 甩车整理。对危及行车安全，又不能在列整理的车辆，货检员应报告车站调度员（值班员）甩车整理。甩车整理时，应做好防护工作。不允许在挂有接触网的线路（设有隔离开关的线路除外）整理车辆。

（2）《铁路货运检查管理规则》第二十五条：（五）甩车整理的主要范围。罐车发生泄漏或溢出。

（七）油罐车下阀关闭不到位（图 3-11）

（a）

（b）

图 3-11　罐装货物泄漏

存在问题　罐装货物泄漏。

造成后果　货物损失。

处理方法　设置好防护后在列整理，无法在列整理时甩车整理、拍发电报。

（1）《铁路货运检查管理规则》第二十五条：（四）2. 甩车整理。对危及行车安全，又不能在列整理的车辆，货检员应报告车站调度员（值班员）甩车整理。甩车整理时，应做好防护工作。不允许在挂有接触网的线路（设有隔离开关的线路除外）整理车辆。

（2）《铁路货运检查管理规则》第二十五条：（五）甩车整理的主要范围。货物发生严重倾斜、偏载、移动、窜动、坠落、倒塌和渗漏。

（八）油罐车下阀盖开启（图 3-12）

存在问题　罐车下阀盖开启。

造成后果　货物泄漏，剐碰设备。

处理方法　设置好防护后在列整理，无法在列整理时甩车整理、拍发电报。

（1）《铁路货运检查管理规则》第二十五条：（四）2. 甩车整理。对危及行车安全，又不能在列整理的车辆，货检员应报告车站调度员（值班员）甩车整理。甩

图 3-12　罐车下阀盖开启

车整理时，应做好防护工作。不允许在挂有接触网的线路（设有隔离开关的线路除外）整理车辆。

(2)《铁路货物运输管理规则》第十四条：装车后，认真检查车门、车窗、盖、阀关闭及拧固和装载加固情况。

(九) 油罐车罐体破损（图 3-13）

存在问题　罐装货物渗漏。

造成后果　货物损失，车辆偏载、偏重，发生火灾事故。

处理方法　甩车整理、拍发电报。

(1)《铁路危险货物运输管理规则》第八十四条：

图 3-13 罐装货物渗漏

装车前，托运人应确认罐车是否良好，罐体外表应保持清洁，标记、文字应能清晰易辨。罐体有漏裂，阀、盖、垫及仪表等附件、配件不齐全或作用不良的罐车禁止使用。

(2)《铁路货运检查管理规则》第二十五条：(四)2. 甩车整理。对危及行车安全，又不能在列整理的车辆，货检员应报告车站调度员（值班员）甩车整理。甩车整理时，应做好防护工作。不允许在挂有接触网的线路（设有隔离开关的线路除外）整理车辆。

（十）罐车腰箍下压式加固钢带断开（图 3-14）

存在问题 罐车腰箍下压式加固钢带断开。

造成后果 车体移动、滚动。

处理方法 甩车通知列检部门处理。

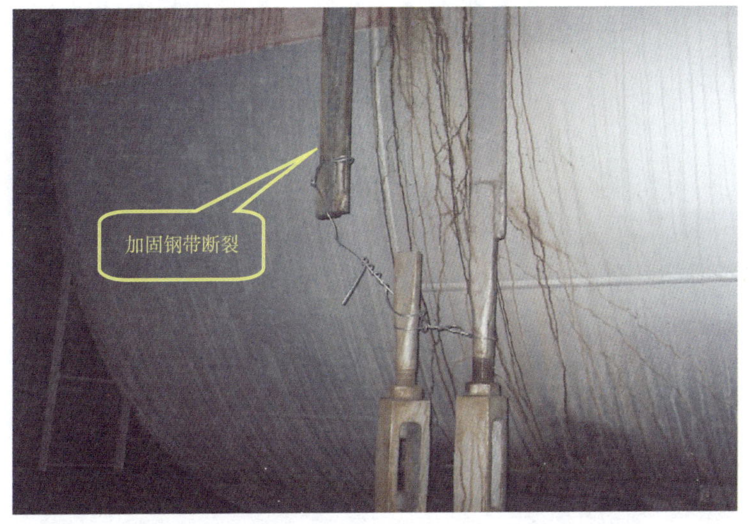

图 3-14　罐车腰箍下压式加固钢带断开

（1）《铁路危险货物运输管理规则》第八十四条：装车前，托运人应确认罐车是否良好，罐体外表应保持清洁，标记、文字应能清晰易辨。罐体有漏裂，阀、盖、垫及仪表等附件、配件不齐全或作用不良的罐车禁止使用。

（2）《铁路货运检查管理规则》第二十五条：（四）2. 甩车整理。对危及行车安全，又不能在列整理的车辆，货检员应报告车站调度员（值班员）甩车整理。甩车整理时，应做好防护工作。不允许在挂有接触网的线路（设有隔离开关的线路除外）整理车辆。

（十一）罐车上部工作台护栏杆折断翘起（图 3-15）

图 3-15　罐车上部工作台护栏杆折断翘起

存在问题　罐车上部工作台护栏杆折断翘起。

造成后果　护栏杆翘起剐碰接触网。

处理方法　甩车通知列检部门处理。

（1）《铁路危险货物运输管理规则》第八十四条：装车前，托运人应确认罐车是否良好，罐体外表应保持清洁，标记、文字应能清晰易辨。罐体有漏裂，阀、盖、垫及仪表等附件、配件不齐全或作用不良的罐车禁止使用。

（2）《铁路货运检查管理规则》第二十五条：（四）

2. 甩车整理。对危及行车安全，又不能在列整理的车辆，货检员应报告车站调度员（值班员）甩车整理。甩车整理时，应做好防护工作。不允许在挂有接触网的线路（设有隔离开关的线路除外）整理车辆。

第四章　平车构造、检查内容及问题车处理

一、平车构造

平车构造如图 4-1 所示，集装箱专用平车构造如图 4-2 所示。

（a）

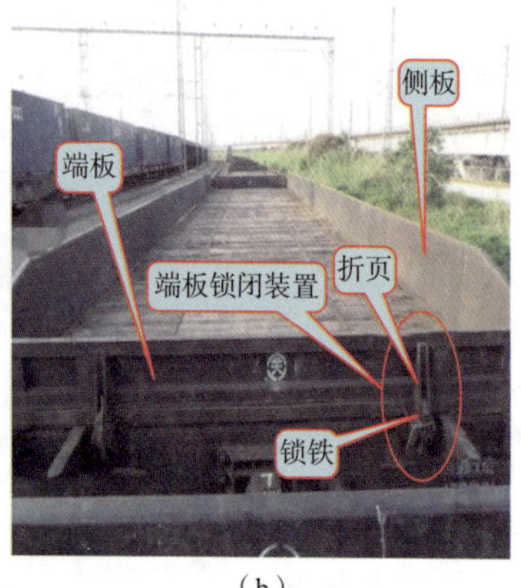

（b）

图 4-1　平车构造

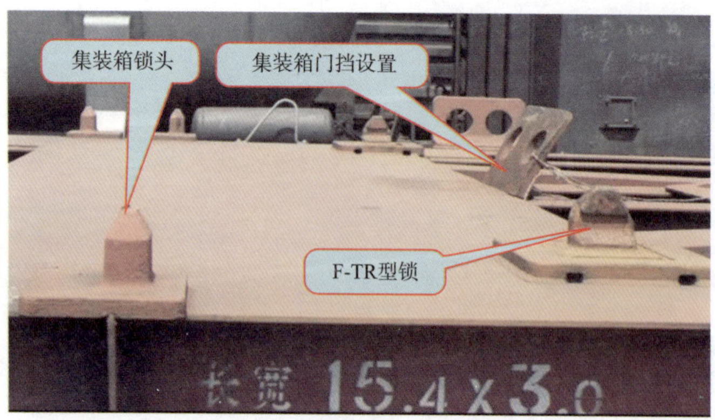

图 4-2　集装箱专用平车构造

平车装载货物一般要求：

使用有端、侧板的平车装载长度或宽度超出车地板的货物，或因货物拉牵加固需要，可将端、侧板放下，同时用镀锌铁线将其与车体捆绑牢固或用锁铁卡紧。

涂打“㊇”的平车在运行时，端板应处于立起关闭状态。特殊情况下，在安装车钩缓冲停止器后允许将端板放倒运行；或将两平车相邻端的一辆平车的端板采取可靠吊起措施后，可将另一辆平车的端板放倒运行。

货物突出平车车端装载，突出端的半宽不大于车辆半宽时，允许突出端梁 300 mm；大于车辆半宽时，允许突出端梁 200 mm。超过此限时，应使用游车。当装载货物突出车端不加挂游车时，货物突出端不得与带风挡客车连挂。

二、平车类车辆检查重点

（1）有端侧板的，检查端侧板关闭状态，立起、放下的检查锁铁是否卡紧，锁铁缺损的，采取加固措施。

（2）确认货物是否倾斜、位移、窜动、倒塌，加固材料、装置是否完好无损，检查拴接点处加固捆绑状态是否良好，检查丁字铁、支柱槽及货物上拴接点是否开裂脱焊。

（3）检查加固铁线、钢丝绳、盘条等是否松动、脱落、折断及余尾长度是否在 100～300 mm 之间。

（4）对带有旋转部件的货物，确认锁闭装置锁闭状态。检查旋转部件加固状态；带有操作间的货物，检查操作间门关闭状态。

（5）超限货物检查有无运输记录及填写是否完整，

对照检查线检查货物是否位移。

（6）使用专用平车（含两用平车）装运集装箱，检查箱体底部角件是否落槽，箱门是否关闭，箱体是否完好。

三、平车装载加固常见问题

（一）空车检查内容

图 4-3　空平车检查内容

（二）平车端板未处于立起关闭状态（图 4-4）

图 4-4　平车端板未处于立起关闭状态

存在问题　平车端板未处于立起关闭状态。

造成后果　经过曲线两车端板相碰。

处理方法　设好防护，在列整理关闭后继运。

（1）《铁路货物装载加固规则》第十一条：涂打"㊀"的平车在运行时，端板应处于立起关闭状态。

（2）《铁路货运检查管理规则》第二十五条：（四）1. 在列整理。对发生装载加固、篷布苫盖、门窗盖阀等方面问题的，不需要甩车处理时，应采取有效防护措施后对车列内需整理货车进行整理。

（三）空平车未撤除车钩缓冲器（图 4-5）

图 4-5　空平车未撤除车钩缓冲器

存在问题　空平车未撤除车钩缓冲器。

造成后果　影响车辆缓冲、转向。

处理方法　设置好防护后在列撤除。

（1）《铁路货物装载加固规则》附件5第五章第二节“车钩缓冲停止器”注意事项：卸车后或回送前，应拆卸车钩缓冲停止器。

（2）《铁路货运检查管理规则》第二十五条：（四）1. 在列整理。对发生装载加固、篷布苫盖、门窗盖阀等方面问题的，不需要甩车处理时，应采取有效防护措施后对车列内需整理货车进行整理。

（四）隔梁栓未锁闭、隔梁旋转（图4-6）

（a）

（b）

图4-6　隔梁栓未锁闭、隔梁旋转

存在问题　隔梁栓未锁闭、隔梁旋转。

造成后果　隔梁旋转造成车辆偏载或偏重，刷碰邻线列车及铁路行车设备。

处理方法 设置好防护好在列隔梁闭合，隔梁栓锁闭、捆绑。

(1)《铁路货物装载加固规则》第三十一条：专用车组固定循环运输长钢轨、专用座架原车回送时，座架在平车上保持原位置及加固方式不变，紧固装置和隔梁应采取有效措施固定。

(2)《铁路货运检查管理规则》第二十五条：(四) 1. 在列整理。对发生装载加固、篷布苫盖、门窗盖阀等方面问题的，不需要甩车处理时，应采取有效防护措施后对车列内需整理货车进行整理。

(五) 丁字铁、支柱槽拉裂（图 4-7、图 4-8）

图 4-7 丁字铁拉裂

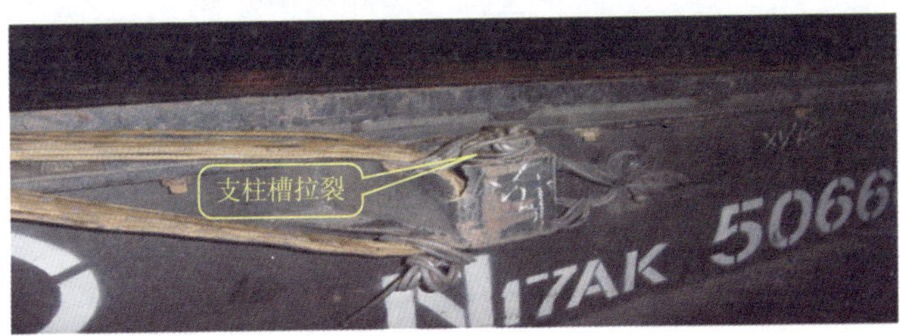

图 4-8 支柱槽拉裂

存在问题 平车丁字铁、支柱槽拉裂。

造成后果 加固线松动，货物偏载、偏重、移动。

处理方法 设置好防护后在列加固处理；无法在列整理时，甩车整理，并拍发电报。

(1)《铁路货物运输管理规则》第十四条：装车前，认真检查货车的车体（包括透光检查）、车门、车窗、盖阀是否完整良好。装车后，认真检查车门、车窗、盖、阀关闭及拧固和装载加固情况。

(2)《铁路货运检查管理规则》第二十五条：(四)1. 在列整理：对发生装载加固、篷布苫盖、门窗盖阀等方面问题的，不需要甩车处理时，应采取有效防护措施后对车列内需整理货车进行整理。2. 甩车整理：对危及行车安全，又不能在列整理的车辆，货检员应报告车站调度员（值班员）甩车整理。甩车整理时，应做好防护工作。不允许在挂有接触网的线路（设有隔离开关的线路除外）整理车辆。

(六) 加固线未固定在车辆的拴结点上（图 4-9）

存在问题 加固线未固定在车辆的拴结点上。

造成后果 加固线脱落。

处理方法 设置好防护后在列加固处理；无法在列整理时，甩车整理，并拍发电报。

（a）

（b）

图 4-9　加固线未固定在拴结点

（1）《铁路货物装载加固规则》附件 5 第一章第三节：拉牵加固时，将钢丝绳穿过紧线器或绕过拴结点后，绳头折回与主绳并列，使用与之匹配的钢丝绳夹固定。

（2）《铁路货运检查管理规则》第二十五条：（四）1. 在列整理：对发生装载加固、篷布苫盖、门窗盖阀等方面问题的，不需要甩车处理时，应采取有效防护措施后对车列内需整理货车进行整理。2. 甩车整理：对危及行车安全，又不能在列整理的车辆，货检员应报告车站调度员（值班员）甩车整理。甩车整理时，应做好防护工作。不允许在挂有接触网的线路（设有隔离开关的线路除外）整理车辆。

（七）钢丝绳夹螺帽松动（图 4-10）

图 4-10　钢丝绳夹螺帽松动

存在问题　钢丝绳夹螺帽松动。

造成后果　加固线松动失效。

处理方法　设置好防护后在列加固处理；无法在列整理时，甩车整理，并拍发电报。

（1）《铁路货物装载加固规则》附件 5 第一章第三节：固定单股钢丝绳端时，使用钢丝绳夹的数量不得少于 3 个；两根钢丝绳搭接时，并列绳头应拉紧，用不少

于 4 个钢丝绳夹正反扣装并紧固。

（2）《铁路货运检查管理规则》第二十五条：（四）1. 在列整理。对发生装载加固、篷布苫盖、门窗盖阀等方面问题的，不需要甩车处理时，应采取有效防护措施后对车列内需整理货车进行整理。

（八）钢丝绳夹缺少底板（图 4-11）

图 4-11　钢丝绳夹缺少底板

存在问题　钢丝绳夹缺少底板。

造成后果　加固线松动失效。

处理方法　设置好防护后在列加固处理；无法在列整理时，甩车整理，并拍发电报。

（1）《铁路货物装载加固规则》附件 5 第一章第三

节：固定单股钢丝绳端头时，使用钢丝绳夹的数量不得少于3个；两根钢丝绳搭接时，并列绳头应拉紧，用不少于4个钢丝绳夹正反扣装并紧固；搭接钢丝绳时，钢丝绳夹的底板必须扣装在主绳一侧。

（2）《铁路货运检查管理规则》第二十五条：（四）1. 在列整理：对发生装载加固、篷布苫盖、门窗盖阀等方面问题的，不需要甩车处理时，应采取有效防护措施后对车列内需整理货车进行整理。2. 甩车整理：对危及行车安全，又不能在列整理的车辆，货检员应报告车站调度员（值班员）甩车整理。甩车整理时，应做好防护工作。不允许在挂有接触网的线路（设有隔离开关的线路除外）整理车辆。

四、水泥轨枕（Ⅳ）的装载加固方法及问题处理

（一）水泥轨枕的装载加固方法（图 4-12）

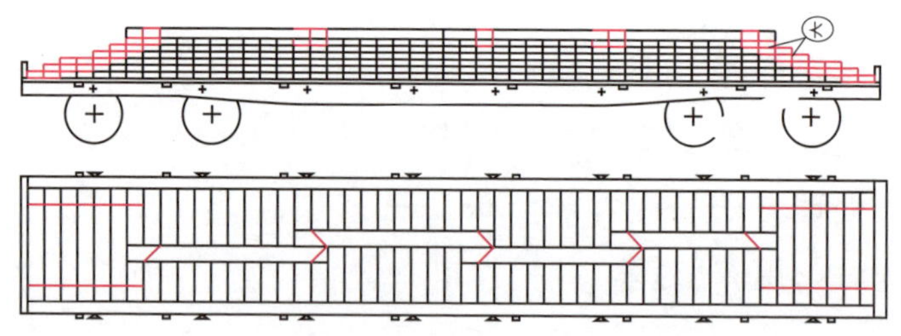

图 4-12　水泥轨枕的装载加固方法

1. 装载方法

货物沿车辆纵中心线横装不超过 6 层，车辆两端部呈梯形，顶层用 4 至 6 根轨枕顺向压顶。全车装载不超过规定根数。

2. 加固方法

（1）在车辆纵中心线两侧各 700 mm 处铺放与车地板等长的条形草支垫或稻草绳把（可数根拼接）。

（2）件间稳固密贴，垛与垛间隙不大于 50 mm。

（3）各层货物间上下对齐，层间铺放纵隔木 2 行，铺放在外挡肩上。

（4）用镀锌铁线 4 股将两端上下、左右每两件间捆绑两道，并互相绕连。

（5）最上层货物自两端内数第 2 根至第 5 根上、下两层共 8 根使用镀锌铁线 2 股分别在承轨槽外整体捆绑各 1 道。

（6）用镀锌铁线 4 股将顶层的 4～6 根顺装货物每件与下层货物捆绑 2 道。

（7）车辆两端底层货物各用 2 块三角挡掩紧并与车地板钉固。

3. 其他要求

加固线与货物和车辆棱角接触处采取防磨措施。

（二）货物倒塌（图 4-13）

存在问题　货物倒塌。

造成后果　货物倒塌坠落。

处理方法　甩车整理，并拍发电报。

图 4-13　货物倒塌

(1)《铁路货运检查管理规则》第二十五条：(五)甩车整理的主要范围。货物发生严重倾斜、偏载、移位、窜动、坠落、倒塌和渗漏。

(2)《铁路货运检查管理规则》第二十五条：(四)2. 甩车整理。对危及行车安全，又不能在列整理的车辆，货检员应报告车站调度员(值班员)甩车整理。甩车整理时，应做好防护工作。不允许在挂有接触网的线路(设有隔离开关的线路除外)整理车辆。

(三) 水泥轨枕窜动(图 4-14)

存在问题　水泥轨枕窜动。

造成后果　货物窜动坠落。

处理方法　甩车整理，并拍发电报。

图 4-14　水泥轨枕窜动

(1)《铁路货运检查管理规则》第二十五条：(五)甩车整理的主要范围。货物发生严重倾斜、偏载、移位、窜动、坠落、倒塌和渗漏。

(2)《铁路货运检查管理规则》第二十五条：(四)2. 甩车整理。对危及行车安全，又不能在列整理的车辆，货检员应报告车站调度员（值班员）甩车整理。甩车整理时，应做好防护工作。不允许在挂有接触网的线路（设有隔离开关的线路除外）整理车辆。

（四）货物窜动、倒塌（图 4-15）

图 4-15　货物窜动、倒塌

存在问题　货物窜动、倒塌。

造成后果　货物倒塌坠落。

处理方法　甩车整理、拍发电报、编制普通记录。

（1）《铁路货运检查管理规则》第二十五条：（五）甩车整理的主要范围。货物发生严重倾斜、偏载、移位、窜动、坠落、倒塌和渗漏。

（2）《铁路货运检查管理规则》第二十五条：（四）1. 在列整理：对发生装载加固、篷布苫盖、门窗盖阀等方面问题的，不需要甩车处理时，应采取有效防护措施

后对车列内需整理货车进行整理。2. 甩车整理：对危及行车安全，又不能在列整理的车辆，货检员应报告车站调度员（值班员）甩车整理。甩车整理时，应做好防护工作。不允许在挂有接触网的线路（设有隔离开关的线路除外）整理车辆。

五、轮式、履带式货物的装载加固方法及问题处理

（一）轮式、履带式货物装载方法（图 4-16）

轮式、履带式货物应使用木地板平车装载（专用货车装运时除外），其本身有制动装置的，装车后应制动，门窗闭锁并将变速手柄放在初速位置（运输轿车时，挡位放在空挡或 P 挡上），制动手柄或拉杆应处于制动位置。

（1）顺装时，相邻两辆间距不小于 100 mm。

（2）横装时，相邻两辆应头尾颠倒，间距不小于 50 mm。

（3）跨装在两平车上的汽车，其头部与前辆汽车的尾部间距不小于 350 mm 。

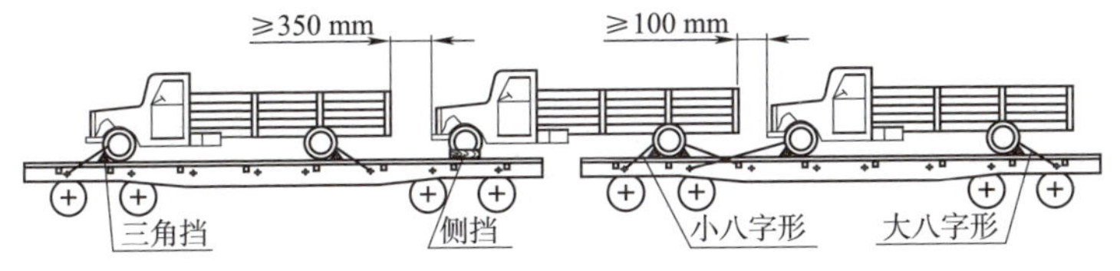

图 4-16　跨及两平车的装载方法

（4）爬装汽车方法如图 4-17 所示。

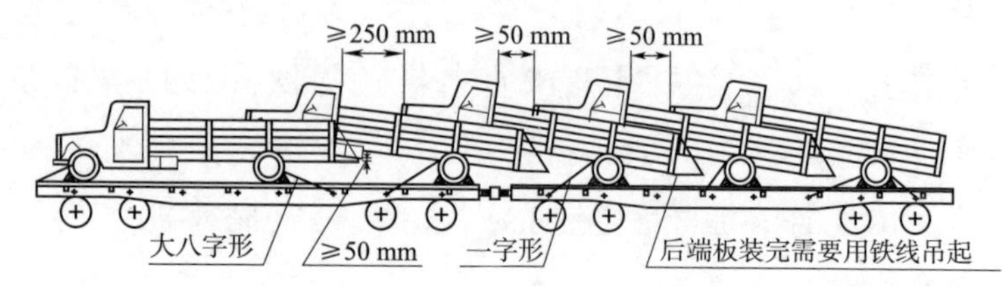

图 4-17 爬装汽车的装载方法 1

(5) 无车厢的汽车爬装时，应将第二辆及其后各辆的前轮依次放在前辆的后轮上对齐，如图 4-18 所示。

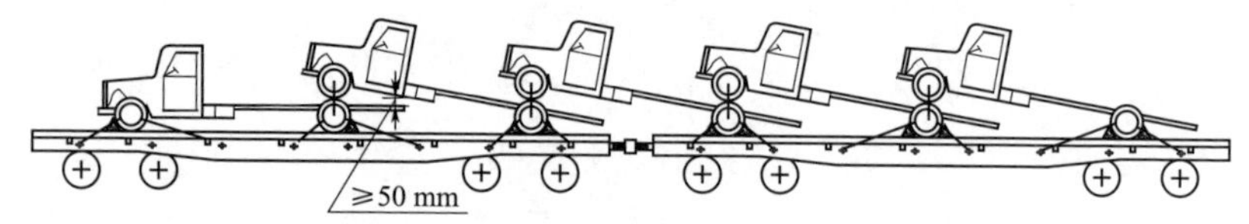

图 4-18 爬装汽车的装载方法 2

(二) 轮式、履带式货物加固方法

(1) 顺装时，轮径 1 000 mm 以下的前轮（组）前端、后轮（组）后端以及轮径 1 000 mm 及以上的前后轮（组）前后端，均应安放相应规格的掩挡，掩紧钉固，并采用八字形等拉牵加固。装载履带式货物时在履带前后放置方木或挡木掩紧钉固。

(2) 横装时，每辆前轮后端、后轮前端或前轮前端、后轮后端安放三角挡并掩紧钉固。

(3) 跨及两平车的汽车应在其前轮外侧或内侧 50 mm 处钉固侧挡（不用三角挡及捆绑），后轮前后均用三角挡掩紧钉固，并采用小八字形等拉牵加固。

(4) 爬装时，爬装在前部车厢内的前轮不需加固，但后轮前后均用三角挡掩紧钉固，并用镀锌铁线斜拉（斜拉线与水平夹角不大于 60°）。爬装车组最后一辆的后轮，应采用小八字形等拉牵加固。

无车厢汽车爬装时，重叠装载两轮轴应上下对齐，并捆在一起（不宜过紧），后轮前后均用三角挡掩紧钉固，并采用小八字形等拉牵加固。

（5）对回转式货物应采取防止转动措施，并根据货物结构特点在平衡铁处放置支架。

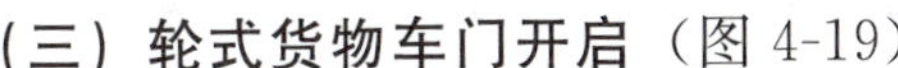

（三）轮式货物车门开启（图 4-19）

图 4-19　轮式货物车门开启

存在问题　轮式货物车门开启。

造成后果　剐碰设备、邻线列车。

处理方法 设置好防护后在列锁闭捆绑。

（1）《铁路货物装载加固规则》第二十八条：易于旋转或有门窗等活动部位的货物装车时，托运人应将旋转和活动部位锁闭固牢；锁闭装置失效的，应采取有效的加固措施。

（2）《铁路货运检查管理规则》第二十五条：（四）1. 在列整理。对发生装载加固、篷布苫盖、门窗盖阀等方面问题的，不需要甩车处理时，应采取有效防护措施后对车列内需整理货车进行整理。

（四）加固线不对称（图 4-20）

图 4-20 加固线不对称

存在问题 加固线不对称；防磨措施不全；履带前后放置梯形木。

造成后果　货物移动、蹿动、坠落造成事故。

处理方法　设置好防护后在列整理，无法在列整理时甩车整理、拍发电报。

(1)《铁路货物装载加固规则》第二十三条：必要时，加固线与货物、车辆棱角接触处应采取防磨措施。

(2)《铁路货物装载加固规则》附件5第一章第三节：使用钢丝绳拉牵加固时加固线应尽可能对称。

(3)《铁路货物装载加固规则》第四十三条：装载履带式货物时在履带前后放置方木或挡木掩紧钉固。

(4)《铁路货运检查管理规则》第二十五条：(四) 1. 在列整理：对发生装载加固、篷布苫盖、门窗盖阀等方面问题的，不需要甩车处理时，应采取有效防护措施后对车列内需整理货车进行整理。2. 甩车整理：对危及行车安全，又不能在列整理的车辆，货检员应报告车站调度员（值班员）甩车整理。甩车整理时，应做好防护工作。不允许在挂有接触网的线路（设有隔离开关的线路除外）整理车辆。

(五) 钢丝绳的拴结位置错误（图4-21）

存在问题　钢丝绳的拴结位置错误，防磨材料选材不当。

造成后果　加固线磨断，脱落。

处理方法　甩车整理、拍发电报。

图 4-21　钢丝绳的拴结位置错误

(1)《铁路货物装载加固规则》第八条：货物装载加固材料及装置的技术性能应符合国家标准、行业标准和《铁路货物装载加固规则》有关要求，以及国铁集团公布的有关技术条件。

(2)《铁路货运检查管理规则》第二十五条：(四) 1. 在列整理：对发生装载加固、篷布苫盖、门窗盖阀等方面问题的，不需要甩车处理时，应采取有效防护措施后对车列内需整理货车进行整理。2. 甩车整理：对危及行车安全，又不能在列整理的车辆，货检员应报告车站调度员（值班员）甩车整理。甩车整理时，应做好防护工作。不允许在挂有接触网的线路（设有隔离开关的线路除外）整理车辆。

（六）轮式货物三角挡作用不良（图 4-22）

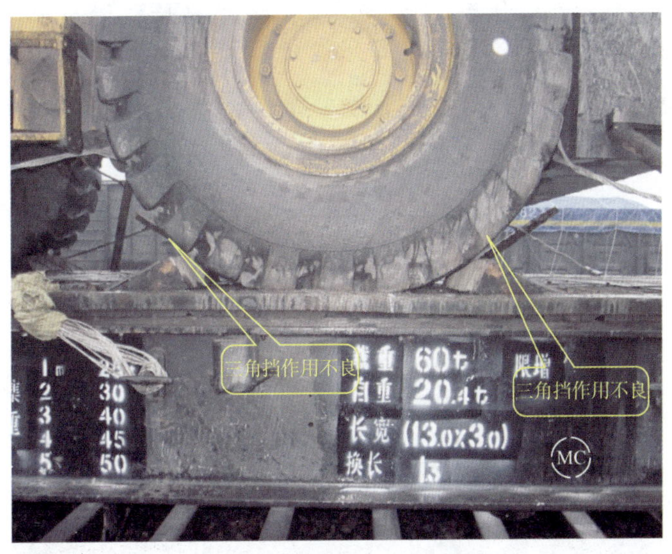

图 4-22　轮式货物三角挡作用不良

存在问题　三角挡作用不良；防磨措施不全。

造成后果　货物滚动。

处理方法　设置好防护后在列更换。

（1）《铁路货物装载加固规则》第二十三条：必要时，加固线与货物、车辆棱角接触处应采取防磨措施。

（2）《铁路货物装载加固规则》附件 5 第四章第四

节：三角挡的底宽不得小于高度的1.5倍，其高度经计算不足100 mm时，按100 mm取用。

（3）《铁路货运检查管理规则》第二十五条：（四）1. 在列整理。对发生装载加固、篷布苫盖、门窗盖阀等方面问题的，不需要甩车处理时，应采取有效防护措施后对车列内需整理货车进行整理。

（七）爬装汽车后端板与后辆间距不足（图4-23）

图4-23　爬装汽车后端板与后辆间距不足

存在问题　爬装汽车后端板与后辆间距小于50 mm，防磨措施不全。

造成后果　货物碰撞、损坏。

处理方法　设置好防护后在列捆绑。

(1)《铁路货物装载加固规则》第二十三条：必要时，加固线与货物、车辆棱角接触处应采取防磨措施；第四十三条：爬装汽车后端板与后辆间距不小50 mm。

(2)《铁路货运检查管理规则》第二十五条：(四) 1. 在列整理。对发生装载加固、篷布苫盖、门窗盖阀等方面问题的，不需要甩车处理时，应采取有效防护措施后对车列内需整理货车进行整理。

(八) 使用镀锌铁线加固方法错误（图 4-24）

图 4-24 使用镀锌铁线加固方法错误

存在问题 使用镀锌铁线加固方法错误，防磨措施不全。

造成后果 加固失效，货物滚动。

处理方法 设置好防护后在列整理，无法在列整理时甩车整理、拍发电报。

(1)《铁路货物装载加固规则》附件5第一章第一节：拉牵加固时，将单股或双股镀锌铁线在货物和车辆的两拴结点间往返缠绕，并应拽紧镀锌铁线使各股松紧度尽量一致，剩余部分穿插缠绕于自身绳杆后，使用绞棍绞紧，余尾朝向车内。

(2)《铁路货物装载加固规则》第二十三条：必要时，加固线与货物、车辆棱角接触处应采取防磨措施。

(3)《铁路货运检查管理规则》第二十五条：(四)1.在列整理：对发生装载加固、篷布苫盖、门窗盖阀等方面问题的，不需要甩车处理时，应采取有效防护措施后对车列内需整理货车进行整理。2.甩车整理：对危及行车安全，又不能在列整理的车辆，货检员应报告车站调度员（值班员）甩车整理。甩车整理时，应做好防护工作。不允许在挂有接触网的线路（设有隔离开关的线路除外）整理车辆。

(九) 加固线折断（图4-25、图4-26）

存在问题 未采取防磨措施，加固线折断。

造成后果 加固失效，货物滚动。

处理方法 设置好防护后在列整理，无法在列整理时甩车整理、拍发电报。

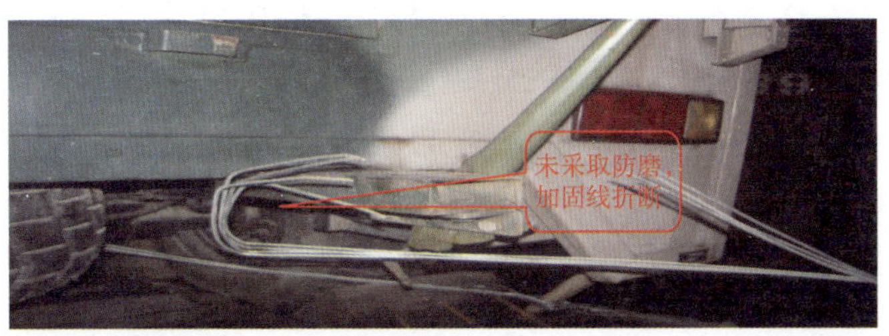

图 4-25　加固线折断

图 4-26　未采取防磨措施，加固线折断

（1）《铁路货物装载加固规则》第二十三条：使用多股镀锌铁线、盘条加固时，需用绞棍绞紧，绞紧程度不能损伤铁线、盘条；必要时，加固线与货物、车辆棱角接触处应采取防磨措施。

（2）《铁路货运检查管理规则》第二十五条：（四）1. 在列整理：对发生装载加固、篷布苫盖、门窗盖阀等方面问题的，不需要甩车处理时，应采取有效防护措施后对车列内需整理货车进行整理。2. 甩车整理：对危及行车安全，又不能在列整理的车辆，货检员应报告车站调度员（值班员）甩车整理。甩车整理时，应做好防护工作。不允许在挂有接触网的线路（设有隔离开关的线路除外）整理车辆。

（十）支架与平衡铁未密贴（图 4-27）

（a）

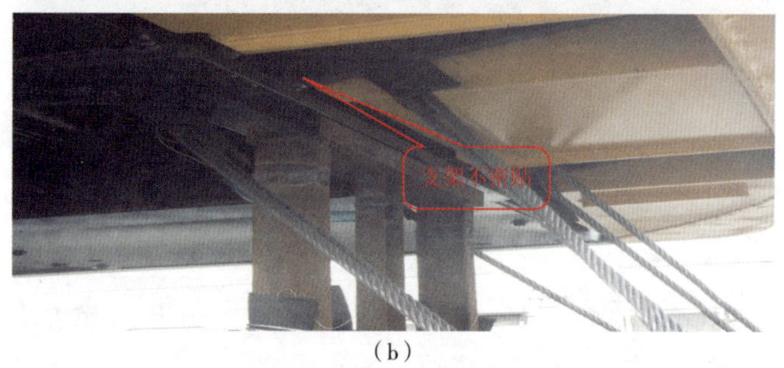

（b）

图 4-27　支架与平衡铁未密贴

存在问题　支架与平衡铁未密贴。

造成后果　回转式货物转动。

处理方法　设置好防护后在列整理。

（1）《铁路货物装载加固规则》第四十三条：对回转式货物应采取防止转动措施，并根据货物结构特点在平衡铁处放置支架。

（2）《铁路货运检查管理规则》第二十五条：（四）1. 在列整理。对发生装载加固、篷布苫盖、门窗盖阀等方面问题的，不需要甩车处理时，应采取有效防护措施后对车列内需整理货车进行整理。

（十一）装载方法错误 1（图 4-28）

图 4-28　装载方法错误

存在问题　装载方法错误。

造成后果　铲斗上下、左右摆动。

处理方法　甩车整理、拍发电报。

(1)《铁路货物装载加固定型方案》中 080703 号规定：沿车辆纵中心线对称顺装 2 台，尾部朝外；铲斗平稳置于车地板上。

(2)《铁路货运检查管理规则》第二十五条：(四) 2. 甩车整理。对危及行车安全，又不能在列整理的车辆，货检员应报告车站调度员（值班员）甩车整理。甩车整理时，应做好防护工作。不允许在挂有接触网的线路（设有隔离开关的线路除外）整理车辆。

(十二) 装载方法错误 2（图 4-29）

图 4-29 装载方法错误

存在问题 装载方法错误。

造成后果 铲斗超出车端。

处理方法　甩车整理、拍发电报。

(1)《铁路货物装载加固定型方案》中 080405 号规定：挖掘机纵中心线与车辆纵中心线对齐，铲斗平稳置于车地板上。

(2)《铁路货运检查管理规则》第二十五条：(四) 2. 甩车整理。对危及行车安全，又不能在列整理的车辆，货检员应报告车站调度员（值班员）甩车整理。甩车整理时，应做好防护工作。不允许在挂有接触网的线路（设有隔离开关的线路除外）整理车辆。

(十三) 货物旋转部位未固定（图 4-30）

(a)

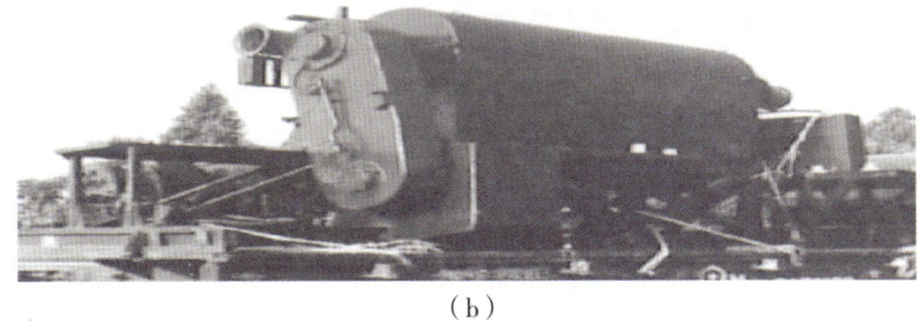

(b)

图 4-30　货物旋转部位未固定

存在问题 货物旋转部位未固定。

造成后果 货物旋转部位旋转造成交通事故。

处理方法 设置好防护后在列加固处理；无法在列整理时，甩车整理，并拍发电报。

（1）《铁路货物装载加固规则》第四十三条：对回转式货物应采取防止转动措施，并根据货物结构特点在平衡铁处放置支架。

（2）《铁路货运检查管理规则》第二十五条：（四）1. 在列整理：对发生装载加固、篷布苫盖、门窗盖阀等方面问题的，不需要甩车处理时，应采取有效防护措施后对车列内需整理货车进行整理。2. 甩车整理：对危及行车安全，又不能在列整理的车辆，货检员应报告车站调度员（值班员）甩车整理。甩车整理时，应做好防护工作。不允许在挂有接触网的线路（设有隔离开关的线路除外）整理车辆。

（十四）缺少钢丝绳绳夹（图 4-31）

存在问题 缺少钢丝绳绳夹。

造成后果 加固线脱出。

处理方法 设置好防护后在列整理，无法在列整理时甩车整理、拍发电报。

图 4-31　缺少钢丝绳绳夹

(1)《铁路货物装载加固规则》附件 5 第一章第三节：固定单股钢丝绳端头时，使用钢丝绳夹的数量不得少于 3 个，两根钢丝绳搭接时，并列绳头应拉紧，用不少于 4 个钢丝绳夹正反扣装并紧固，钢丝绳夹间的距离等于 6～7 倍钢丝绳直径，绳头余尾长度宜控制在 100～300 mm 间。

(2)《铁路货运检查管理规则》第二十五条：(四) 1. 在列整理：对发生装载加固、篷布苫盖、门窗盖阀等方面问题的，不需要甩车处理时，应采取有效防护措施后对车列内需整理货车进行整理。2. 甩车整理：对危及行车安全，又不能在列整理的车辆，货检员应报告车站调度员（值班员）甩车整理。甩车整理时，应做好防护工作。不允许在挂有接触网的线路（设有隔离开关的线路除外）整理车辆。

（十五）加固线余尾短（图 4-32）

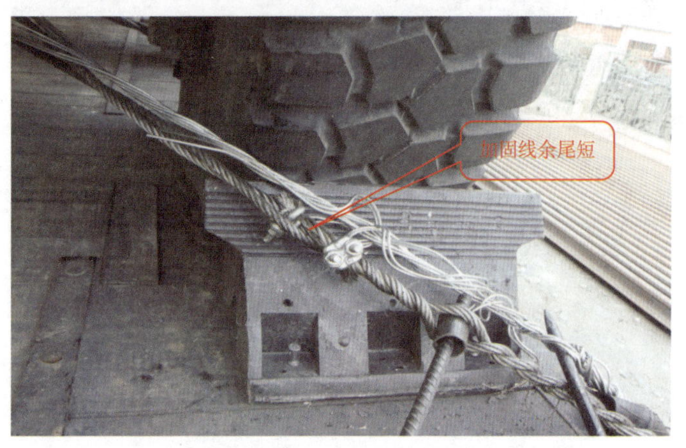

图 4-32　加固线余尾短

存在问题　（1）加固线余尾短；（2）钢丝绳使用绞棍紧固。

造成后果　加固线脱落，绞棍将钢丝绳紧伤。

处理方法　设置好防护后在列整理，无法在列整理时甩车整理、拍发电报。

（1）《铁路货物装载加固规则》第二十四条：加固货物时，所用绳索或加固线捆绑拴结后的余尾部分，长度一般不得超过 300 mm，不短于 100 mm；超过 300 mm

时应采取有效措施予以固定。

（2）《铁路货物装载加固规则》附件 5 第一章第三节：拉牵加固时，将钢丝绳穿过紧线器或绕过拴结点后，绳头折回与主绳并列，使用与之匹配的钢丝绳夹固定。

（3）《铁路货运检查管理规则》第二十五条：（四）1. 在列整理：对发生装载加固、篷布苫盖、门窗盖阀等方面问题的，不需要甩车处理时，应采取有效防护措施后对车列内需整理货车进行整理。2. 甩车整理：对危及行车安全，又不能在列整理的车辆，货检员应报告车站调度员（值班员）甩车整理。甩车整理时，应做好防护工作。不允许在挂有接触网的线路（设有隔离开关的线路除外）整理车辆。

（十六）钢丝绳过松且未采取防磨措施（图 4-33）

图 4-33　钢丝绳过松且未采取防磨措施

存在问题　(1) 钢丝绳过松且未采取防磨措施；(2) 钢丝绳夹的数量不足。

造成后果　货物窜动。

处理方法　甩车整理、拍发电报。

(1)《铁路货物装载加固规则》第二十三条：必要时，加固线与货物、车辆棱角接触处应采取防磨措施。

(2)《铁路货物装载加固规则》附件5第一章第三节：固定单股钢丝绳端头时，使用钢丝绳夹的数量不得少于3个。

(3)《铁路货运检查管理规则》第二十五条：(四) 2. 甩车整理。对危及行车安全，又不能在列整理的车辆，货检员应报告车站调度员（值班员）甩车整理。甩车整理时，应做好防护工作。不允许在挂有接触网的线路（设有隔离开关的线路除外）整理车辆。

六、平车装运长钢轨的要求

普通平车装运长钢轨（含道岔轨）应遵守下列规定：

(1) 使用长钢轨专用座架多车负重装载。根据长钢轨规格，选用一定数量合适车地板长和标重的木地板平车。相邻车辆上的座架底面高度（相对轨面）应相等，如高度不等超过规定限度时，需要垫平。

(2) 长钢轨使用专用座架分层装载。

(3) 长钢轨沿车辆纵向对称装载，正向摆放，相同长度的长钢轨端部应尽量对齐，因技术原因不能对齐时，则端部长短差不得大于 200 mm。

(4) 短尺长钢轨与定尺长钢轨混装时，应横向靠内侧、沿车辆纵中心线对称装载。必要时，应采取配重措施。

(5) 不同型号的道岔轨混装时，同层钢轨型号必须相同，且较重型号钢轨应自下而上从底层装起。

(6) 长钢轨采用横向整层紧固方式进行固定，每一层钢轨装载完毕后，在该层锁定座架处使用对应型号紧固装置将本层钢轨紧固并与座架固定为一体。

(7) 各型号专用座架和紧固装置不得混合使用。

(8) 专用座架每层隔梁装后应锁定。

(9) 每个锁定座架应捆绑加固在车侧丁字铁或支柱槽上。

(10) 长钢轨车组车辆间不得使用车钩缓冲停止器，同时要对提钩杆和折角塞门进行捆绑固定。重车车组中涂打“㊎”的平车，允许放下端侧板进行装运。

(11) 专用车组固定循环运输长钢轨、专用座架原车回送时，座架在平车上保持原位置及加固方式不变，紧固装置和隔梁应采取有效措施固定。

(12) 重车车组禁止通过驼峰和溜放。

(一) 货物转向架上架体加固环焊接不牢、断裂(图 4-34)

存在问题　转向架上架体加固环焊接不牢、断裂。

图 4-34　货物转向架上架体加固环焊接不牢、断裂

造成后果　加固失效，货物窜动。

处理方法　甩车整理、拍发电报。

（1）《铁路货物装载加固规则》第三十条：货物转向架上架体与跨装货物，下架体与车辆分别固定在一起。

（2）《铁路货物装载加固定型方案》中 070403 号规定：在货物转向架中心线处各用盘条 8 股将钢轨整体下压捆绑在上架体加固环上。

（3）《铁路货运检查管理规则》第二十五条：（四）2. 甩车整理。对危及行车安全，又不能在列整理的车辆，货检员应报告车站调度员（值班员）甩车整理。甩车整理时，应做好防护工作。不允许在挂有接触网的线路（设有隔离开关的线路除外）整理车辆。

（二）钢轨窜动，加固线松动（图 4-35）

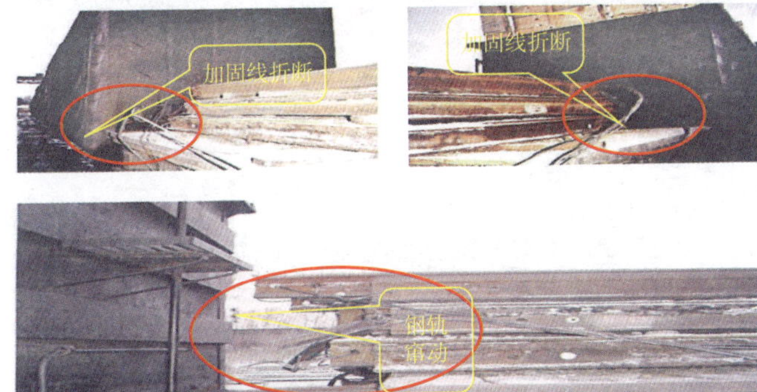

图 4-35　钢轨窜动，加固线松动

存在问题　钢轨窜动，加固线松动，U 形夹脱落。

造成后果　造成货物坠落、加固线脱落刷打行车设备，危及行车安全。

处理方法　甩车整理、拍发电报。

规章依据

（1）《铁路货物装载加固定型方案》中 070405 号规定：钢轨顶部 3 层每层的两端各插 3 个 U 形夹，中间一个，两侧各一个，并用盘条 4 股穿过 U 形夹加固环，分别拉牵捆绑在上架体加固环上。

(2)《铁路货运检查管理规则》第二十五条：(四) 1. 在列整理：对发生装载加固、篷布苫盖、门窗盖阀等方面问题的，不需要甩车处理时，应采取有效防护措施后对车列内需整理货车进行整理。2. 甩车整理：对危及行车安全，又不能在列整理的车辆，货检员应报告车站调度员（值班员）甩车整理。甩车整理时，应做好防护工作。不允许在挂有接触网的线路（设有隔离开关的线路除外）整理车辆。

七、平车装载集装箱常见问题

（一）检查内容（图 4-36）

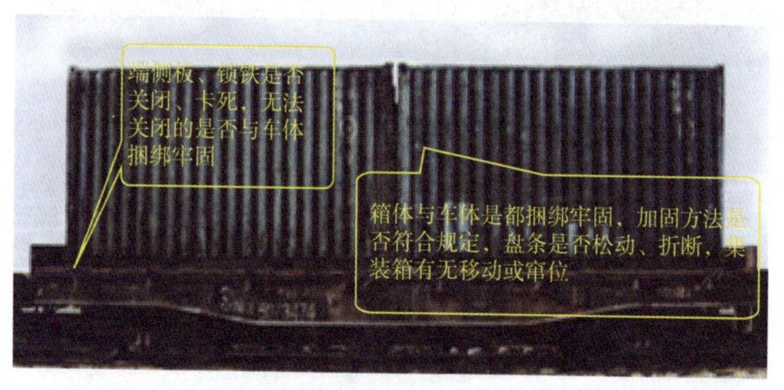

图 4-36　平车装载集装箱检查内容

主要检查内容：

(1) 端侧板、锁铁是否关闭、卡死，无法关闭的是否与车体捆绑牢固。

(2) 箱体与车体是否捆绑牢固，加固方法是否符合规定，盘条是否松动、折断，集装箱有无移动或窜位。

（3）集装箱装载是否符合《铁路集装箱运输规则》的有关规定。

（二）箱体角件未落入锁闭装置（图 4-37）

（a）

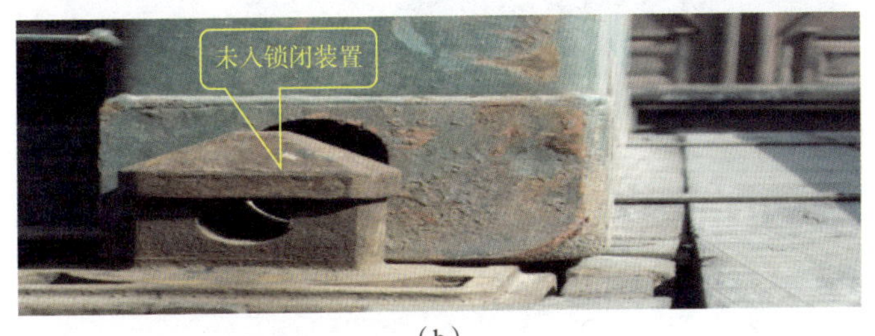

（b）

图 4-37　箱体角件未落入锁闭装置

存在问题　箱体角件未落入锁闭装置。

造成后果　集装箱失去加固，有坠落、倒塌可能。

处理方法　拍发电报、甩车整理。

（1）《铁路集装箱运输规则》第四十七条：使用集装箱专用车和共用平车时，装车前必须确认锁头齐全、

状态良好；装车后必须确认锁头完全入位，箱门处的集装箱专用平车门挡或共用平车端板立起。

（2）《铁路货运检查管理规则》第二十五条：（四）2. 甩车整理。对危及行车安全，又不能在列整理的车辆，货检员应报告车站调度员（值班员）甩车整理。甩车整理时，应做好防护工作。不允许在挂有接触网的线路（设有隔离开关的线路除外）整理车辆。

（三）集装箱箱体破损（图 4-38）

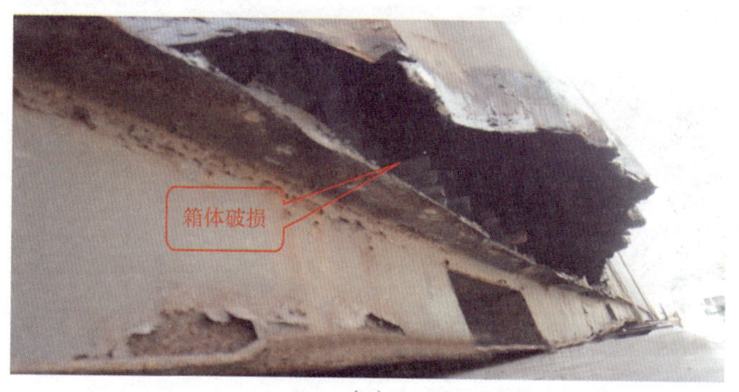

（a）

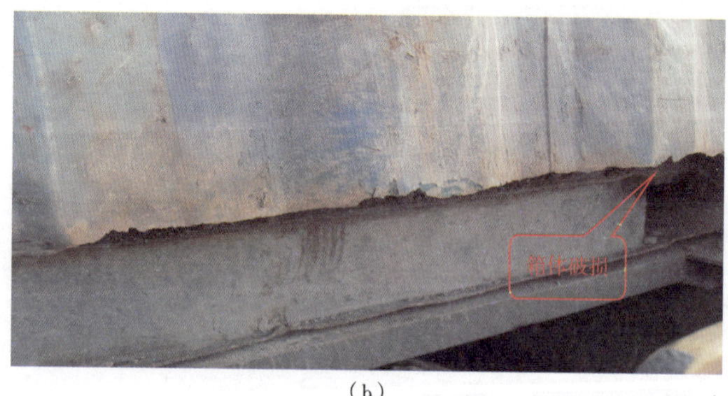

（b）

图 4-38　集装箱箱体破损

存在问题　集装箱箱体破损。

造成后果　货物损失。

处理方法　拍发电报，并由车站处理。

《铁路货物运输管理规则》第四十六条：棚车车体、平车或集装箱专用平车装运的集装箱箱体的可见部位损坏或集装箱箱门开启，拍发电报，并由车站处理。

（四）集装箱箱门开启（图 4-39）

图 4-39　集装箱箱门开启

存在问题　集装箱箱门开启。

造成后果　货物损失。

处理方法　拍发电报甩车清点货物，货物被盗、丢失由车站处理。

（1）《铁路货物运输管理规则》第四十六条：棚车车体、平车或集装箱专用平车装运的集装箱箱体的可见部位损坏或集装箱箱门开启，拍发电报，并由车站处理。

（2）《铁路货运检查管理规则》第二十五条：（四）2. 甩车整理。对危及行车安全，又不能在列整理的车辆，货检员应报告车站调度员（值班员）甩车整理。甩车整理时，应做好防护工作。不允许在挂有接触网的线路（设有隔离开关的线路除外）整理车辆。

（五）集装箱箱门朝外（图 4-40）

图 4-40　箱门朝外

存在问题　箱门朝外。

造成后果　货物损失。

处理方法　拍发电报，甩车整理。

（1）《铁路集装箱运输规则》第五十条规定：端部有门的20英尺集装箱使用集装箱专用平车或共用平车装运时，箱门应朝向相邻集装箱。

（2）《铁路货运检查管理规则》第二十五条：（四）2. 甩车整理。对危及行车安全，又不能在列整理的车辆，货检员应报告车站调度员（值班员）甩车整理。甩车整理时，应做好防护工作。不允许在挂有接触网的线路（设有隔离开关的线路除外）整理车辆。

八、平车装载卷钢常见问题

卷钢的装载加固方法如下：

卷钢可立装、卧装或集束立装。立装时，卷钢的直径宜大于本身高度，不满足时应采取有效的防止倾覆和位移的措施。卧装时，可使用钢座架（座架须与车体固定）；用木地板平车卧装时，可将相邻卷钢用夹具或镀锌铁线（盘条等）捆在一起，并用三角挡掩紧钉固。集束立装时，集束端最短距离应大于集束高度，卷钢中部用镀锌铁线（盘条等）捆绑在一起，并采取防止镀锌铁线（盘条等）下滑措施。卷钢无论立装、卧装或集束立装，卷钢（组）本身应用镀锌铁线、盘条或钢丝绳等与车体捆绑加固（装载在座架上，以及使用凹形草支垫（含凹形玉米秸秆支垫，下同）、稻草掩挡装运的可除外）。卷钢使用敞车装运时，应采取有效的防滑措施。禁止卷钢与其他货物混装。

（一）加固线松动（图 4-41）

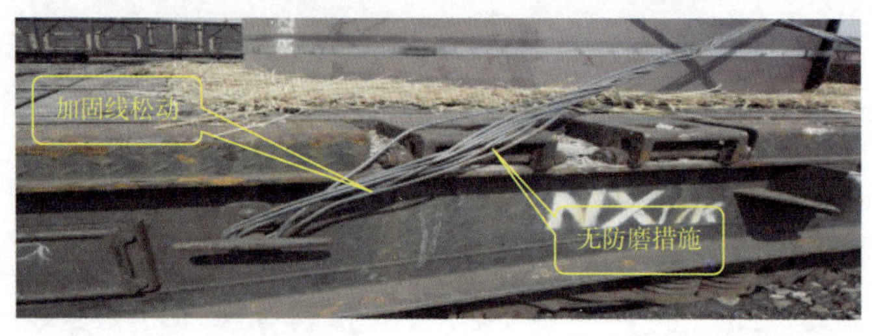

图 4-41　加固线松动

存在问题　（1）加固线松动；（2）未采取防磨措施。

造成后果　（1）加固线受力不一致，导致加固线被分别绷断；（2）加固线可能由于棱角处的摩擦而受到损伤或折断，造成加固失效、货物发生位移。

处理方法　设好防护后，及时组织在列整理后继运。

（1）《铁路货物装载加固规则》附件 5 第一章第一节：拉牵加固时，将单股或双股盘条在货物和车辆的两拴结点间往返缠绕，并应拽紧盘条使各股松紧度尽量一致，剩余部分穿插缠绕于自身绳杆后，使用绞棍绞紧，余尾朝向车内。

（2）《铁路货物装载加固规则》第二十三条：必要时，加固线与货物、车辆棱角接触处应采取防磨措施。

（二）三角挡脱落（图 4-42）

图 4-42　三角挡脱落

存在问题　三角挡脱落。

造成后果　（1）卷钢滚动，坠落；（2）车辆集重。

处理方法　设置防护后在列重新钉固三角挡后继运；无法在列整理时，应拍发电报、甩车整理。

（1）《铁路货物装载加固规则》第五十五条：用木地板平车卧装时，可将相邻卷钢用夹具或镀锌铁线（盘条等）捆在一起，并用三角挡掩紧钉固。

（2）《铁路货运检查管理规则》第二十五条：（四）

1. 在列整理：对发生装载加固、篷布苫盖、门窗盖阀等方面问题的，不需要甩车处理时，应采取有效防护措施后对车列内需整理货车进行整理。2. 甩车整理：对危及行车安全，又不能在列整理的车辆，货检员应报告车站调度员（值班员）甩车整理。甩车整理时，应做好防护工作。不允许在挂有接触网的线路（设有隔离开关的线路除外）整理车辆。

（三）加固材料不符合规定（图 4-43）

图 4-43　加固材料不符合规定

存在问题　使用红砖作为加固材料掩挡货物。

造成后果　（1）卷钢滚动、坠落；（2）车辆集重。

处理方法　设置防护后在列重新钉固三角挡后继

运；无法在列整理时，应拍发电报、甩车整理。

（1）《铁路货物装载加固规则》第二十二条：禁止使用菱苦土（菱镁混凝土）、水泥、砖、石等材料作为装载加固材料和制作装载加固装置。

（2）《铁路货运检查管理规则》第二十五条：（四）1. 在列整理。对发生装载加固、篷布苫盖、门窗盖阀等方面问题的，不需要甩车处理时，应采取有效防护措施后对车列内需整理货车进行整理。

（四）三角挡作用不良（图 4-44）

图 4-44 三角挡作用不良

存在问题 三角挡作用不良。

造成后果 货物滚动。

处理方法 设置好防护后在列整理。

(1)《铁路货物装载加固规则》附件 5 第三章第四节：使用三角挡或掩木掩挡货物时，其一侧斜面应与货物贴实，底面与车地板接触处应平整。

(2)《铁路货运检查管理规则》第二十五条：(四) 1. 在列整理。对发生装载加固、篷布苫盖、门窗盖阀等方面问题的，不需要甩车处理时，应采取有效防护措施后对车列内需整理货车进行整理。

(五) 未采取防磨措施，加固线下滑（图 4-45）

图 4-45 未采取防磨措施，加固线下滑

存在问题　未采取防磨措施，加固线下滑。

造成后果　加固线磨断加固失效，货物移动、滚动。

处理方法　设置好防护后在列整理，无法在列整理拍发电报、甩车整理。

（1）《铁路货物装载加固规则》第二十三条：必要时，加固线与货物、车辆棱角接触处应采取防磨措施。

（2）《铁路货物装载加固定型方案》070302号：每件卷钢上至少在对称的两处用挂钩将拉牵绳吊挂牢固。

（3）《铁路货运检查管理规则》第二十五条：（四）2. 甩车整理。对危及行车安全，又不能在列整理的车辆，货检员应报告车站调度员（值班员）甩车整理。甩车整理时，应做好防护工作。不允许在挂有接触网的线路（设有隔离开关的线路除外）整理车辆。

（六）相邻卷钢未捆在一起，三角挡作用不良（图4-46）

存在问题　相邻卷钢未捆在一起，三角挡作用不良。

造成后果　卷钢滚动，车辆严重偏重。

处理方法　甩车整理、拍发电报。

（1）《铁路货物装载加固规则》第五十五条：卧装时，可使用钢座架（座架须与车体固定）；用木地板平

图 4-46 相邻卷钢未捆在一起，三角挡作用不良

车卧装时，可将相邻卷钢用夹具或镀锌铁线（盘条等）捆在一起，并用三角挡掩紧钉固。

(2)《铁路货运检查管理规则》第二十五条：（四）2. 甩车整理。对危及行车安全，又不能在列整理的车辆，货检员应报告车站调度员（值班员）甩车整理。甩车整理时，应做好防护工作。不允许在挂有接触网的线路（设有隔离开关的线路除外）整理车辆。

（七）防止加固线下滑的挂钩脱落（图 4-47）

存在问题 防止加固线下滑的挂钩脱落。

造成后果 加固线下滑，货物移动。

处理方法 设置好防护后在列整理，无法在列整理时甩车整理、拍发电报。

图 4-47　采取加固线下滑的挂钩脱落

(1)《铁路货物装载加固定型方案》070302 号：每件卷钢上至少在对称的两处用挂钩将拉牵绳牢固。

(2)《铁路货运检查管理规则》第二十五条：(四) 2. 甩车整理。对发生装载加固、篷布苫盖、门窗盖阀等方面问题的，不需要甩车处理时，应采取有效防护措施后对车列内需整理货车进行整理。

(八) 三角挡腐烂破损（图 4-48）

存在问题　三角挡腐烂破损。

造成后果　货物滚动。

图 4-48　三角挡腐烂破损

处理方法　设置好防护后在列整理，无法在列整理时甩车整理、拍发电报。

（1）《铁路货物装载加固规则》附件 5 第三章第四节：木制三角挡应选用无节、无裂纹、无虫眼的一级木材制作。

（2）《铁路货运检查管理规则》第二十五条：（四）1. 在列整理。对发生装载加固、篷布苫盖、门窗盖阀等方面问题的，不需要甩车处理时，应采取有效防护措施后对车列内需整理货车进行整理。

（九）加固方法错误（图 4-49）

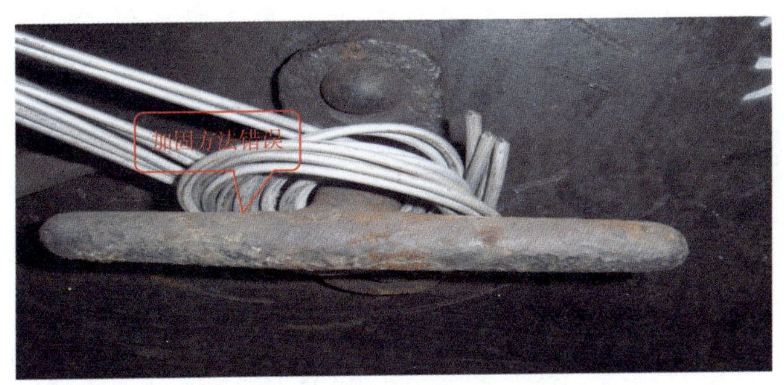

图 4-49　加固方法错误

存在问题　加固方法错误。

造成后果　加固失效。

处理方法　设置好防护后在列整理，无法在列整理时甩车整理、拍发电报。

（1）《铁路货物装载加固规则》附件 5 第一章第一节：拉牵加固时，将单股或双股镀锌铁线在货物和车辆的两拴结点间往返缠绕，并应拽紧镀锌铁线使各股松紧度尽量一致，剩余部分穿插缠绕于自身绳杆后，使用绞棍绞紧，余尾朝向车内。

（2）《铁路货运检查管理规则》第二十五条：（四）1. 在列整理：对发生装载加固、篷布苫盖、门窗盖阀等方面问题的，不需要甩车处理时，应采取有效防护措施

后对车列内需整理货车进行整理。2. 甩车整理：对危及行车安全，又不能在列整理的车辆，货检员应报告车站调度员（值班员）甩车整理。甩车整理时，应做好防护工作。不允许在挂有接触网的线路（设有隔离开关的线路除外）整理车辆。

九、金属材料及制品

使用平车装载钢板时，可单排或双排顺装，装载高度超出端、侧板时，可使用支柱。每垛钢板采用反又字下压加固，视钢板长度不少于 2 道，端部采用交叉斜拉加固。

钢丝绳、电缆可使用敞、平车装载。卧装时，可使用钢、木座架，并采取加固措施。使用敞车立装时，每个轮盘下部垫横垫木（条形草支垫）或稻草垫。

使用有端侧板平车装载长大型钢时，应紧密排摆成梯形，层间加垫防滑衬垫，并采用整体捆绑及反又字下压式加固。

卷钢应使用木地板平车和 C_{62A*}、C_{62A*K}、C_{62AK}、C_{62A*T}、C_{62AT}、C_{62BK}、C_{62BT}、C_{64K}、C_{64H}、C_{64T}、C_{70}、C_{70H}、C_{70E}、C_{70EH} 等敞车装载。

优先选用平车和专用车装运卷钢，优先采用立装方式装运卷钢，优先使用钢座架卧装卷钢。

（一）加固线余尾过长（图 4-50）

存在问题　加固线余尾过长。

造成后果　加固线余尾剐碰设备。

处理方法　设置好防护后在列捆绑。

图 4-50　加固线余尾长

(1)《铁路货物装载加固规则》第二十四条：加固货物时，所用绳索或加固线捆绑拴结后的余尾部分，长度不得超过 300 mm，不短于 100 mm。

(2)《铁路货运检查管理规则》第二十五条：(四) 1. 在列整理。对发生装载加固、篷布苫盖、门窗盖阀等方面问题的，不需要甩车处理时，应采取有效防护措施后对车列内需整理货车进行整理。

(二) 紧线器开口未采取防脱措施（图 4-51）

存在问题　紧线器开口处未采取防脱措施。

造成后果　加固线脱出失效，货物窜动。

处理方法　甩车整理、拍发电报。

(1)《铁路货物装载加固规则》附件 5 第一章第六节：加固货物时，应优先选用“OO”形和“OU”形螺

图 4-51 紧线器开口处未采取防脱措施

旋式紧线器。使用“OC”形或“CC”形螺旋式紧线器时，须采取措施防止拉牵绳从紧线器开口处脱出。

(2)《铁路货运检查管理规则》第二十五条：(四) 2. 甩车整理。对危及行车安全，又不能在列整理的车辆，货检员应报告车站调度员（值班员）甩车整理。甩车整理时，应做好防护工作。不允许在挂有接触网的线路（设有隔离开关的线路除外）整理车辆。

(三) 加固线折断（图 4-52）

存在问题 未采取防磨措施，加固线折断。

造成后果 加固失效，货物移动。

处理方法 设置好防护后在列整理，无法在列整理时甩车整理、拍发电报。

图 4-52　未采取防磨措施，加固线折断

规章依据

(1)《铁路货物装载加固规则》第二十三条：必要时，加固线与货物、车辆棱角接触处应采取防磨措施。

(2)《铁路货运检查管理规则》第二十五条：(四) 1. 在列整理：对发生装载加固、篷布苫盖、门窗盖阀等方面问题的，不需要甩车处理时，应采取有效防护措施后对车列内需整理货车进行整理。2. 甩车整理：对危及行车安全，又不能在列整理的车辆，货检员应报告车站调度员（值班员）甩车整理。甩车整理时，应做好防护工作。不允许在挂有接触网的线路（设有隔离开关的线路除外）整理车辆。

（四）防磨材料滑落，加固线磨断（图 4-53）

图 4-53　防磨材料滑落，加固线磨断

存在问题　防磨材料滑落，加固线磨断。

造成后果　加固线磨断，加固失效。

处理方法　甩车整理、拍发电报。

（1）《铁路货物装载加固规则》第二十三条：必要时，加固线与货物、车辆棱角接触处应采取防磨措施。

（2）《铁路货运检查管理规则》第二十五条：（四）2. 甩车整理。对危及行车安全，又不能在列整理的车辆，货检员应报告车站调度员（值班员）甩车整理。甩车整理时，应做好防护工作。不允许在挂有接触网的线路（设有隔离开关的线路除外）整理车辆。

（五）货物上拴结点脱落（图 4-54）

图 4-54　货物上拴结点脱落

存在问题　货物上拴结点脱落。

造成后果　加固失效。

处理方法　甩车整理、拍发电报。

(1)《铁路货物装载加固规则》附件 5 第一章第三节：应合理选择货物上的拉牵位置。

(2)《铁路货物装载加固规则》第四十六条：对无拴结点、加固较为困难的货物，可在货物上部采用套圈，套圈四处拉牵牢固。

(3)《铁路货运检查管理规则》第二十五条：（四）

2. 甩车整理。对危及行车安全，又不能在列整理的车辆，货检员应报告车站调度员（值班员）甩车整理。甩车整理时，应做好防护工作。不允许在挂有接触网的线路（设有隔离开关的线路除外）整理车辆。

（六）横垫木破损倒塌（图 4-55）

图 4-55　横垫木倒塌

存在问题　横垫木倒塌。

造成后果　加固失效，货物倒塌。

处理方法　甩车整理、拍发电报。

（1）《铁路货物装载加固规则》附件 5 第三章第四

节：掩挡与车地板或垫木的联结强度必须足以防止其自身移动或倾覆。

(2)《铁路货运检查管理规则》第二十五条：（四）2. 甩车整理。对危及行车安全，又不能在列整理的车辆，货检员应报告车站调度员（值班员）甩车整理。甩车整理时，应做好防护工作。不允许在挂有接触网的线路（设有隔离开关的线路除外）整理车辆。

（七）横垫木破损（图 4-56）

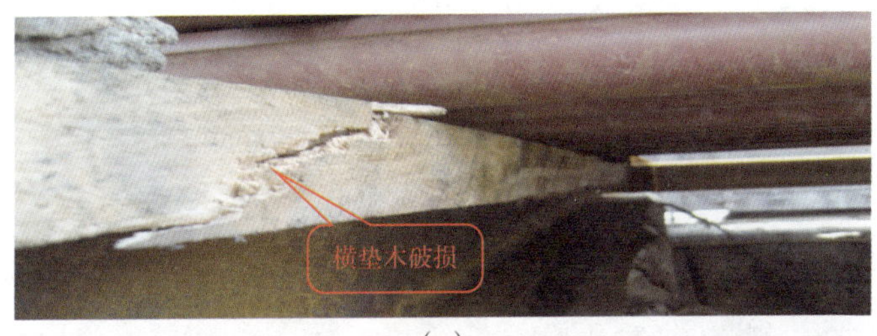

(a)

(b)

图 4-56　横垫木破损

存在问题　横垫木破损。

造成后果　加固失效，货物倒塌。

处理方法　甩车整理、拍发电报。

(1)《铁路货物装载加固规则》附件5第二章第一节：垫木和隔木必须使用无削弱强度的木节和裂纹、坚实、纹理清晰、无腐烂的整块木材制作。

(2)《铁路货运检查管理规则》第二十五条：(四)2. 甩车整理。对危及行车安全，又不能在列整理的车辆，货检员应报告车站调度员（值班员）甩车整理。甩车整理时，应做好防护工作。不允许在挂有接触网的线路（设有隔离开关的线路除外）整理车辆。

(八) 货物活动附件脱落（图4-57)

图4-57 货物活动附件脱落

存在问题 货物活动附件脱落。

造成后果 附件脱落打碰设备。

处理方法　甩车整理、拍发电报。

（1）《铁路货物装载加固规则》第二十八条：易于旋转或有门窗等活动部位的货物装车时，托运人应将旋转和活动部位锁闭固牢；锁闭装置失效的，应采取有效的加固措施。

（2）《铁路货运检查管理规则》第二十五条：（四）2. 甩车整理。对危及行车安全，又不能在列整理的车辆，货检员应报告车站调度员（值班员）甩车整理。甩车整理时，应做好防护工作。不允许在挂有接触网的线路（设有隔离开关的线路除外）整理车辆。

十、加固材料与装置问题

（一）掩挡材料错误、扒锔钉松动（图 4-58）

存在问题　掩挡材料错误、扒锔钉松动。

造成后果　货物移动。

处理方法　设置好防护后在列整理，无法在列整理时甩车整理、拍发电报。

（1）《铁路货物装载加固规则》附件 5 第三章第四节：掩挡与车地板或垫木的联结强度必须足以防止其自身移动或倾覆。

图 4-58　掩挡材料错误、扒锔钉松动

（2）《铁路货运检查管理规则》第二十五条：（四）1. 在列整理：对发生装载加固、篷布苫盖、门窗盖阀等方面问题的，不需要甩车处理时，应采取有效防护措施后对车列内需整理货车进行整理。2. 甩车整理：对危及行车安全，又不能在列整理的车辆，货检员应报告车站调度员（值班员）甩车整理。甩车整理时，应做好防护工作。不允许在挂有接触网的线路（设有隔离开关的线路除外）整理车辆。

（二）加固不良、紧线器开口处未采取防脱措施（图 4-59）

存在问题　加固不良、紧线器开口处未采取防脱措施。

图 4-59　加固不良、紧线器开口未采取防脱措施

造成后果　加固线脱出失效，货物窜动。

处理方法　甩车整理、拍发电报。

(1)《铁路货物装载加固规则》附件 5 第一章第六节：加固货物时，应优先选用“OO”形和“OU”形螺旋式紧线器。使用“OC”形或“CC”形螺旋式紧线器时，须采取措施防止拉牵绳从紧线器开口处脱出。第三节：使用钢丝绳拉牵加固的方式主要有：八字形、倒八字形、交叉、又字形或反又字形等。固定单股钢丝绳端头时，使用钢丝绳夹的数量不得少于 3 个，两根钢丝绳搭接时，并列绳头应拉紧，用不少于 4 个钢丝绳夹正反扣装并紧固。

(2)《铁路货运检查管理规则》第二十五条:(四)2. 甩车整理。对危及行车安全,又不能在列整理的车辆,货检员应报告车站调度员(值班员)甩车整理。甩车整理时,应做好防护工作。不允许在挂有接触网的线路(设有隔离开关的线路除外)整理车辆。

(三)钢丝绳搭接错误(图 4-60)

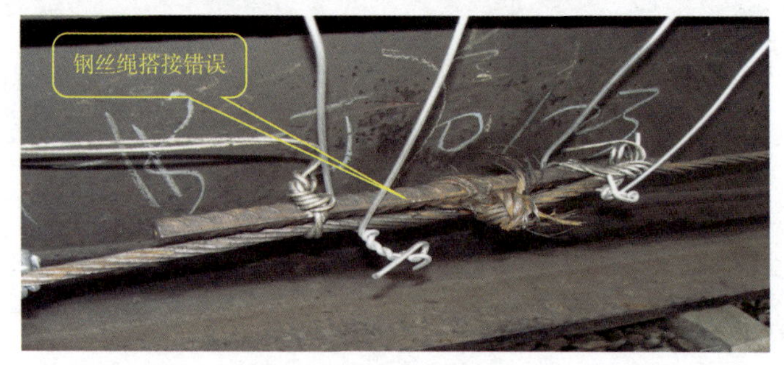

图 4-60 钢丝绳搭接错误

存在问题 钢丝绳搭接错误。

造成后果 钢丝绳脱落。

处理方法 甩车整理、拍发电报。

(1)《铁路货物装载加固规则》附件 5 第一章第三节:两根钢丝绳搭接时,并列绳头应拉紧,用不少于 4 个钢丝绳夹正反扣装并紧固。

(2)《铁路货运检查管理规则》第二十五条:(四)2. 甩车整理。对危及行车安全,又不能在列整理的车辆，货检员应报告车站调度员（值班员）甩车整理。甩车整理时，应做好防护工作。不允许在挂有接触网的线路（设有隔离开关的线路除外）整理车辆。

第五章　其他车辆常见问题处理

一、JSQ 汽车专用车车门开启

JSQ 汽车专用车车门开启如图 5-1 所示。

图 5-1　JSQ 汽车专用车车门开启

存在问题　JSQ 汽车专用车车门开启。

造成后果　车门开启剐碰邻线列车。

处理方法　设置好防护后在列加固处理；无法在列整理时，甩车整理，并拍发电报。

(1)《铁路货物运输管理规则》第十四条：装车后，认真检查车门、车窗、盖、阀关闭及拧固和装载加固情

况；第四十六条：车门窗未按规定关闭，由发现站关闭并拍发电报。

（2）《铁路货运检查管理规则》第二十五条：（四）1. 在列整理：对发生装载加固、篷布苫盖、门窗盖阀等方面问题的，不需要甩车处理时，应采取有效防护措施后对车列内需整理货车进行整理。2. 甩车整理：对危及行车安全，又不能在列整理的车辆，货检员应报告车站调度员（值班员）甩车整理。甩车整理时，应做好防护工作。不允许在挂有接触网的线路（设有隔离开关的线路除外）整理车辆。

二、机械冷藏车工作车私自安装电视接收器

机械冷藏车工作车私自安装电视接收器如图 5-2 所示。

图 5-2　私装天线

存在问题 机械冷藏车工作车私自安装电视接收器。

造成后果 侵限剐碰设备。

处理方法 做好押运人教育，责令押运人撤除。

《铁路货物装载加固规则》第十条：技术参数不全的敞车、平车、棚车及长大货物车，一律不得使用。

三、机械冷藏车工作车私自安装空调

机械冷藏车工作车私自安装空调如图 5-3 所示。

图 5-3 机械冷藏车工作车私自安装空调

存在问题 机械冷藏车工作车私自安装空调。

造成后果 侵限剐碰设备。

处理方法 做好押运人教育，责令押运人撤除。

《铁路货物装载加固规则》第十条：技术参数不全的敞车、平车、棚车及长大货物车，一律不得使用。

四、机械冷藏车工作车活动部件未固定

机械冷藏车工作车活动部件未固定如图 5-4 所示。

图 5-4 机械冷藏车工作车活动部件未固定

存在问题 机械冷藏车工作车活动部件未固定。

造成后果 活动部件坠落剐碰设备。

处理方法 做好押运人教育，责令押运人固定。

《铁路货物装载加固规则》第二十八条：易于旋转或有门窗等活动部位的货物装车时，托运人应将旋转和活动部位锁闭固牢；锁闭装置失效的，应采取有效的加固措施。货物自带的苫布、防护衣、伪装网及其捆绑绳索质量不良的，在由托运人改善并符合要求后方可办理运输。

第六章　闲杂人员及杂物清理

一、闲杂人员扒乘列车

闲杂人员扒乘列车如图 6-1 所示。

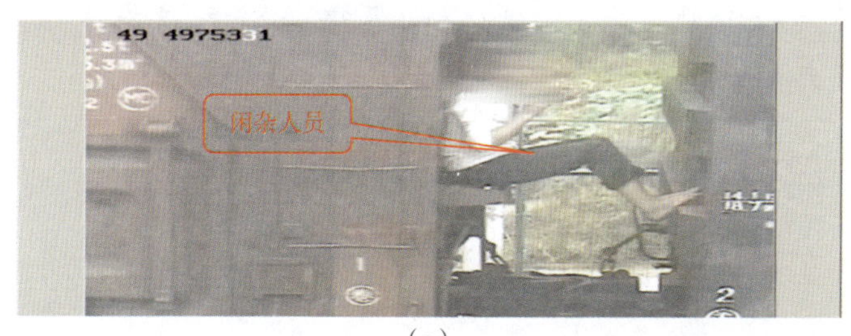

(a)

(b)

图 6-1　闲杂人员扒乘列车

存在问题　闲杂人员扒乘列车。

造成后果　路外伤亡事故发生。

处理方法　发现闲杂人员扒乘列车立即清理汇报，如发车时发现立即汇报车站值班员，车站值班员汇报列车调度员处理。

《行车组织规则》第127条：铁路工作人员发现有扒乘人员，应报告车站值班员（列车调度员），车站值班员报告列车调度员。车站值班员按照列车调度员的指示处理并通知公安人员。

二、车辆外部有残留物或漂浮物

车辆外部有残留物或漂浮物如图6-2、图6-3所示。

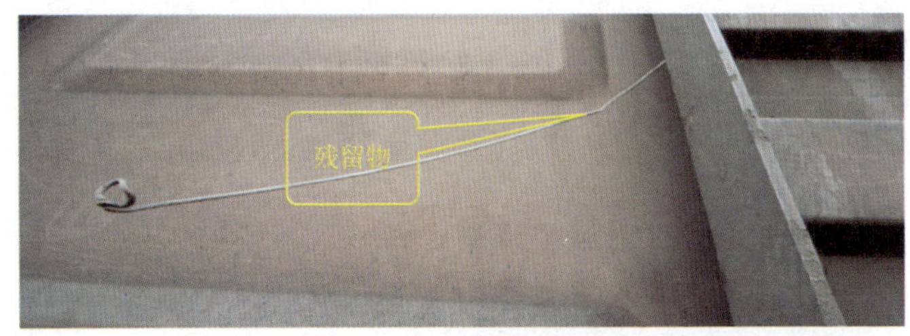

图6-2 车辆外部有残留物

图6-3 车辆外部有漂浮物

存在问题　车辆外部有残留物或漂浮物。

造成后果　区间拦停列车。

处理方法　设置好防护后在列清理。

（1）《铁路货物运输规程》第30条：负责卸车的单位在卸车时，应将货物彻底卸净，卸空后的货车应清扫干净，车门、车窗、端侧板、冷藏车冰箱盖、罐车盖、阀等要关闭妥当。

（2）《铁路货运检查管理规则》第二十五条：（四）1. 在列整理。对发生装载加固、篷布苫盖、门窗盖阀等方面问题的，不需要甩车处理时，应采取有效防护措施后对车列内需整理货车进行整理。

三、车体外有杂物

车体外有杂物如图6-4所示。

图6-4　车体外有杂物

存在问题 车体外有杂物；装载在最上层的管材，超过端侧墙高度应小于管材直径的二分之一。

造成后果 杂物坠落击打车辆、机具。

处理方法 清理杂物；甩车、拍发电报。

(1)《铁路货物运输管理规则》第十四条：装车后，认真检查车门、车窗、盖、阀关闭及拧固和装载加固情况。

(2)《铁路货物装载加固规则》第五十二条：(四)使用敞车装载大型管材时，应成垛（捆）装载，底部须掩垫牢固。仅使用衬垫防滑加固时，装载在最上层的管材，超过端侧墙高度应小于管材直径的二分之一。

(3)《铁路货运检查管理规则》第二十五条：(四)2. 甩车整理。对危及行车安全，又不能在列整理的车辆，货检员应报告车站调度员（值班员）甩车整理。甩车整理时，应做好防护工作。不允许在挂有接触网的线路（设有隔离开关的线路除外）整理车辆。

四、敞车闸台有杂物

敞车闸台有杂物如图 6-5 所示。

存在问题 敞车闸台有杂物。

造成后果 击打设备、邻线列车以及接触网，列车在区间拦停。

处理方法 设置好防护后在列清理；接触网下无法

图 6-5　敞车闸台有杂物

在列清理时，甩车至无电区清理。

（1）《铁路货物运输规程》第 30 条：负责卸车的单位在卸车时，应将货物彻底卸净，卸空后的货车应清扫干净，车门、车窗、端侧板、冷藏车冰箱盖、罐车盖、阀等要关闭妥当。

（2）《铁路货运检查管理规则》第二十五条：（四）1. 在列整理：对发生装载加固、篷布苫盖、门窗盖阀等方面问题的，不需要甩车处理时，应采取有效防护措施后对车列内需整理货车进行整理。2. 甩车整理：对危及行车安全，又不能在列整理的车辆，货检员应报告车站调度员（值班员）甩车整理。甩车整理时，应做好防护工作。不允许在挂有接触网的线路（设有隔离开关的线路除外）整理车辆。

五、车体有残留加固线

车体有残留加固线如图 6-6 所示。

（a）

（b）

图 6-6　车体有残留加固线

存在问题　车体有残留加固线。

造成后果　剐碰邻线列车。

处理方法　设置好防护后在列清理。

（1）《铁路货物运输规程》第 25 条：承运人应拨配状态良好，清扫干净的货车装运货物。装车前，装车单位应对车厢的完整和清洁状况进行检查。

（2）《铁路货运检查管理规则》第二十五条：（四）1. 在列整理。对发生装载加固、篷布苫盖、门窗盖阀等方面问题的，不需要甩车处理时，应采取有效防护措施后对车列内需整理货车进行整理。

六、车门轴破损并有杂物

车门轴破损并有杂物如图 6-7、图 6-8 所示。

图 6-7　车门破损且有残存货物

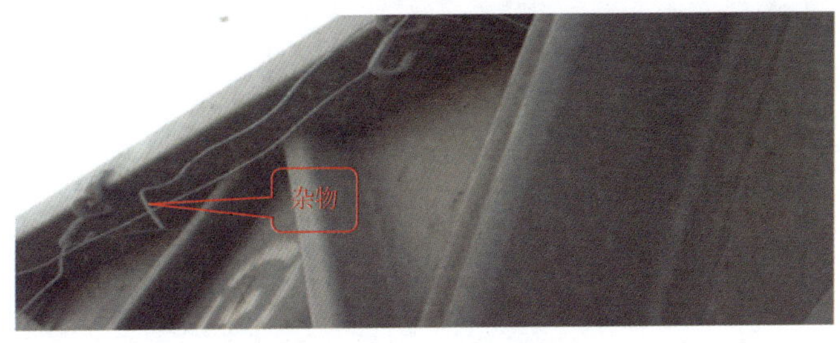

图 6-8　车门外有杂物

存在问题　（1）车门轴座开焊；（2）车体外有残存货物。

造成后果　车门坠落，货物撒漏。

处理方法　拍发电报、甩车换装，编制记录。

（1）《铁路货物运输管理规则》第十四条：装车后，认真检查车门、车窗、盖、阀关闭及拧固和装载加固情况。

（2）《铁路货物运输规程》第 25 条：承运人应拨配状态良好，清扫干净的货车装运货物。装车前，装车单位应对车厢的完整和清洁状况进行检查。

（3）《铁路货运检查管理规则》第二十五条：（四）2. 甩车整理。对危及行车安全，又不能在列整理的车辆，货检员应报告车站调度员（值班员）甩车整理。甩车整理时，应做好防护工作。不允许在挂有接触网的线路（设有隔离开关的线路除外）整理车辆。

七、敞车上搭建押运棚

敞车上搭建押运棚如图 6-9 所示。

存在问题　敞车上搭建押运棚。

造成后果　押运棚脱落剐碰邻线列车。

处理方法　做好押运人教育，责令押运人拆除。

图 6-9　敞车上搭建押运棚

《铁路货物运输规程》第 18 条：押运人应乘坐所押运的货车，如该货车不适于乘坐时，可乘坐守车或车长、站长指定的车辆。

八、货物未卸净

货物未卸净如图 6-10 所示。

存在问题　货物未卸净。

造成后果　造成车辆偏重、偏载。

处理方法　拍发电报甩车送入指定地点卸货处理。

(1)《铁路货物运输规程》第 30 条：负责卸车的单

位在卸车时，应将货物彻底卸净，卸空后的货车应清扫干净，车门、车窗、端侧板、冷藏车冰箱盖、罐车盖、阀等要关闭妥当。

（2）《铁路货运检查管理规则》第二十五条：（四）2. 甩车整理。对危及行车安全，又不能在列整理的车辆，货检员应报告车站调度员（值班员）甩车整理。甩车整理时，应做好防护工作。不允许在挂有接触网的线路（设有隔离开关的线路除外）整理车辆。

（a）

（b）

图 6-10　货物未卸净

九、集装箱顶有杂物

集装箱顶有杂物如图 6-11 所示。

(a)

(b)

(c)

图 6-11　集装箱顶有杂物

存在问题 集装箱顶有杂物。

造成后果 打坏行车设备。

处理方法 设置好防护后在列整理；无法在列整理时，拍发电报甩车整理。

(1)《铁路货物运输管理规则》第十五条：卸车后，应将车辆清扫干净，关好车门、车窗、阀、盖，检查卸后货物安全距离，清理线路，将篷布按规定折叠整齐，送到指定地点存放。对托运人自备的货车装备物品和加固材料，应妥善保管。

(2)《铁路货运检查管理规则》第二十五条：(四) 1. 在列整理：对发生装载加固、篷布苫盖、门窗盖阀等方面问题的，不需要甩车处理时，应采取有效防护措施后对车列内需整理货车进行整理。2. 甩车整理：对危及行车安全，又不能在列整理的车辆，货检员应报告车站调度员（值班员）甩车整理。甩车整理时，应做好防护工作。不允许在挂有接触网的线路（设有隔离开关的线路除外）整理车辆。

十、罐车工作台有杂物

罐车工作台有杂物如图 6-12 所示。

存在问题 罐车工作台有杂物。

造成后果 剐碰邻线列车和接触网。

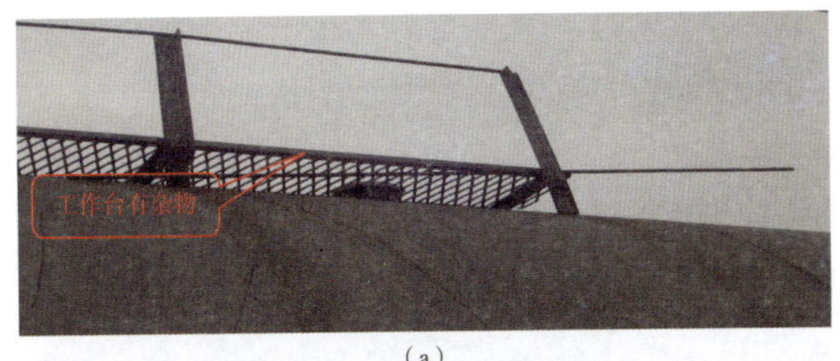

(a)

(b)

图 6-12　工作台有杂物

处理方法　拍发电报甩车至无电区清理。

(1)《铁路货物运输管理规则》第十五条：卸车后，应将车辆清扫干净，关好车门、车窗、阀、盖，检查卸后货物安全距离，清理线路，将篷布按规定折叠整齐，送到指定地点存放。对托运人自备的货车装备物品和加固材料，应妥善保管。

(2)《铁路货运检查管理规则》第二十五条：（四）1. 在列整理：对发生装载加固、篷布苫盖、门窗盖阀等方面问题的，不需要甩车处理时，应采取有效防护措施后对车列内需整理货车进行整理。2. 甩车整理：对危及行车安全，又不能在列整理的车辆，货检员应报告车站调度员（值班员）甩车整理。甩车整理时，应做好防护工作。不允许在挂有接触网的线路（设有隔离开关的线路除外）整理车辆。

十一、车体有杂物

车体有杂物如图 6-13 所示。

图 6-13　车体有杂物

存在问题　未清理丁字铁上的绳头。

造成后果　影响加固捆绑。

处理方法　设置好防护后在列清理。

(1)《货车篷布管理规则》附件 1：货车绳栓上无残

留的旧绳头、铁线等废弃物。

(2)《铁路货运检查管理规则》第二十五条：（四）1. 在列整理。对发生装载加固、篷布苫盖、门窗盖阀等方面问题的，不需要甩车处理时，应采取有效防护措施后对车列内需整理货车进行整理。甩车整理时，应做好防护工作。不允许在挂有接触网的线路（设有隔离开关的线路除外）整理车辆。

第七章　货车火灾预防及应急处置

一、火　　灾

（一）普通货物火灾（7-1）

（a）

（b）

图 7-1　普通货物火灾

存在问题　火灾（押运员在途中使用燃烧的蚊香，引燃车厢底部铺垫的防滑草垫所致）。

造成后果　火灾，延误列车。

处理方法　启动火灾事故应急预案。到达后即调入货物线，会同公安人员及时组织施救。拍发货物损失速报。

(1)《铁路货物运输规程》第18条：押运人对押运的货物应负责采取保证货物安全的措施，押运人应遵守押运人须知中规定的事项和有关铁路货物运输的规定。

(2)《铁路货物损失处理规则》第十四条：发现火灾，罐车装运的压缩气体、液化气体泄漏，剧毒品、放射性物品被盗丢失以及估计损失款额达到一级损失等情况时，应在1 h内逐级报告，并在24 h内向有关车站、直属站段、铁路局集团公司和有关铁路公安部门以电报形式拍发“货物损失速报”，抄送国铁集团货运部。

(二）危险货物火灾（按普通货物运输，图7-2）

图7-2　危险货物火灾

存在问题 危险货物按普通货物运输。

造成后果 火灾。

处理方法 启动火灾应急预案并按预案处理，拍发货物损失速报。

(1)《铁路货物运输规程》第 11 条：托运人对其在货物运单和物品清单内所填记事项的真实性应负完全责任，匿报、错报货物品名、重量时还应按照规定支付违约金。

(2)《铁路货物损失处理规则》第十四条：发现火灾，罐车装运的压缩气体、液化气体泄漏，剧毒品、放射性物品被盗丢失以及估计损失款额达到一级损失等情况时，应在 1 h 内逐级报告，并在 24 h 内向有关车站、直属站段、铁路局集团公司和有关铁路公安部门以电报形式拍发“货物损失速报”，抄送国铁集团货运部。

二、硫黄包装撒漏

硫黄包装撒漏如图 7-3 所示。

存在问题 硫黄包装撒漏。

造成后果 粉尘爆炸。

处理方法 启动爆炸应急预案并按预案处理，拍发货物损失速报。

《铁路危险货物品名表》第四类硫黄铁危编号 41501 主要特性：黄色粉末或硬块，粉状比重 1.96，块状比重 2.05，燃点 232 ℃，不溶于水。易燃，燃烧时放出有毒和刺激性气体，粉尘漂浮在空气中能产生粉尘爆炸。与氧化剂能组成敏感度高的爆炸性混合物。

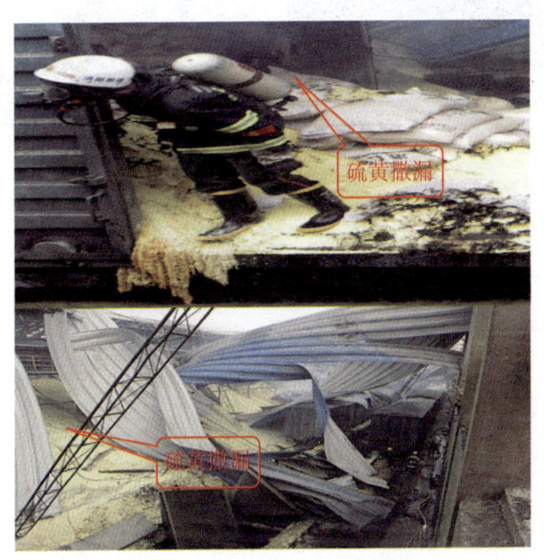

图 7-3　硫黄包装撒漏

三、液化气体泄漏

液化气体泄漏如图 7-4 所示。

存在问题　液化气体泄漏。

造成后果　火灾、爆炸。

处理方法　立即报告，并启动应急预案，按预案处理，拍发货物损失速报。

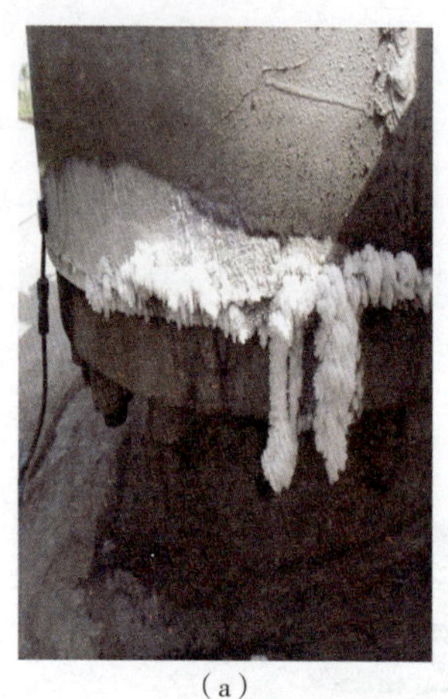

(a)

(b)

图 7-4　液化气体泄漏

(1)《铁路货运检查管理规则》第二十五条：(五)甩车整理的主要范围。罐车发生泄漏或溢出。

(2)《铁路货物损失处理规则》第十四条：发现火灾，罐车装运的压缩气体、液化气体泄漏，剧毒品、放射性物品被盗丢失以及估计损失款额达到一级损失等情况时，应在1h内逐级报告，并在24h内向有关车站、直属站段、铁路局集团公司和有关铁路公安部门以电报形式拍发“货物损失速报”，抄送国铁集团货运部。

四、火灾的应急处理

（一）火灾事故应急处理预案

（1）灭火指挥小组要判明火灾发生地点、部位、货物品名及性质，周围环境等，首先要切断电源，指挥各小组安全施救。灭火组接到通知后，迅速携带消防器材赶赴现场救火，需要隔离的，立即将人员或货物转移到安全地带。到发线或货物（车）发生火灾时，立即报告站调，通知调车机车将着火车辆和未着火车辆立即甩开，运送到安全地带，防止火势蔓延。

（2）要及时疏散警戒区内的机动车辆和人员，防止人员和各种机动车辆冲撞和堵塞通道，有秩序的疏散人员和车辆离开现场，维护好现场秩序，为救援人员及车辆提供方便通道。

（3）在扑救火灾中应与医院取得联系，如有人员受伤，采取急救措施，迅速把伤员送到医院救治。

（4）要做好消防器材等物资供应及起火原因调查，做好事故的善后处理，迅速恢复运输，减少损失。

（二）气体类罐车火灾事故处理

（1）设立警戒区，组织人员向逆风方向疏散，施救时应站在上风方向，防止中毒事故。

（2）易燃气体及易燃液体泄漏时，应迅速隔断火源，现场不得使用可能产生火花的通信设备和照相（摄像）器材。

（三）易燃液体火灾事故处理

（1）首先应切断火势蔓延的途径，冷却和疏散受火势威胁的可燃物，控制燃烧范围，并积极抢救受伤和被困人员。如有液体流淌时，应筑堤（或用围油栏）拦截漂散流淌的易燃液体或挖沟导流。

（2）及时了解和掌握着火液体的品名、比重、水溶性，以及有无毒害、腐蚀性，沸溢、喷溅等危险性，以便采取相应的灭火和防护措施。

（3）扑救毒害性、腐蚀性或燃烧物毒害性较强的易燃液体火灾，扑救人员必须佩戴防护用具，采取防护措施。

（四）火灾、爆炸事故的应急处理

（1）迅速判断和查明发生爆炸的可能性和危险性，紧紧抓住发生爆炸之前的有利时机，采取一切可能的措施，全力制止爆炸的发生。

（2）不能用沙土盖压，以免增强爆炸物品爆炸时的威力。

（3）在确保人身安全的情况下，应迅速组织力量及时疏散着火区域周围的爆炸物品，使着火区周围形成一个隔离带。

（4）灭火人员应积极采取自我保护措施，尽量利用现场的地形、地物作为掩蔽体，或尽量采用卧姿等低姿射水；消防车辆不要停靠离爆炸物品太近的水源。

（5）灭火人员发现有发生爆炸的危险时，应立即向现场指挥报告，现场指挥应迅速做出准确判断，确有发生爆炸征兆或危险时，应立即下达撤退命令。灭火人员看到或听到撤退信号后，应迅速撤至安全地带，来不及撤退时，应就地卧倒。